Pierre de Coubertin

L'Avenir de l'Europe

essai

ISBN : 978-1534961005

10 9 8 7 6 5 4 3 2 1

Pierre de Coubertin

L'Avenir de l'Europe

essai

Table de Matières

INTRODUCTION

En temps de guerre, ceux qui veulent se rendre un compte exact de la marche des opérations ont coutume d'acheter des petits drapeaux de papier qu'ils piquent avec des épingles sur la carte, au fur et à mesure des événements militaires dont le journal leur apporte la nouvelle. On pourrait user du même procédé pour faire le dénombrement des problèmes qui s'imposent à l'attention de l'Europe actuelle : il suffirait de remplacer les petits drapeaux par des points d'interrogation de couleurs variées, correspondant aux divers ordres de questions : politiques, économiques, religieuses… où n'en poserait-on point ? Depuis Dublin jusqu'à Athènes, depuis Helsingfors jusqu'à Lisbonne, la carte en serait bientôt hérissée. Mais un tel inventaire, outre qu'il ne simplifierait guère l'étude du temps présent, aurait ce grave inconvénient de placer sur un même rang des problèmes dont l'importance, au point de vue général, est fort inégale. Qui ne comprend, en effet, que la cause de l'Irlande et celle de la Pologne peuvent être équivalentes devant la Justice suprême, mais que l'indépendance de la Pologne entraînerait de bien autres conséquences politiques que l'indépendance de l'Irlande ? Et qui ne voit qu'une révolution à Budapest ou à Bruxelles aurait des résultats qu'on ne saurait en aucun cas redouter d'une révolution à Madrid ou à Christiania ?

Pour agitée et compliquée qu'elle soit, l'Europe d'aujourd'hui n'en a pas moins acquis une certaine stabilité et, s'il est ainsi, c'est que précisément nombre des problèmes qui l'agitent et la compliquent sont plus localisés qu'ils n'en ont l'air, en sorte que l'équilibre international peut résister à des chocs comme celui de la guerre greco-turque, par exemple. Sans doute, on doit toujours compter avec l'imprévu. Une brusque saute de vent étend parfois l'incendie dont on se croyait maître. Remarquons, toutefois, que les dernières grandes guerres européennes ont été longuement préparées : ceux qui en ont pris la responsabilité les ont jugées indispensables ; il s'agissait pour l'Italie de s'émanciper, pour l'Allemagne de s'unifier, pour la Russie de reconquérir sa prépondérance en Orient. Cavour et Bismarck ne faisaient point la guerre pour le plaisir de la faire, mais pour réaliser un plan politique qu'ils ne pensaient pas pouvoir réaliser autrement. L'heure n'est plus à de si vastes ambitions ni à de pareils remaniements. L'Europe, désormais, est trop tassée et trop conservatrice pour donner carrière aux instincts d'un Bismarck ou d'un Cavour ; les armements ont pris de telles proportions qu'une grande guerre même victorieuse équivaudrait à une ruine presque certaine ; moins que jamais, les gouvernements se risqueront à la légère dans une aventure aussi aléatoire. Envisagés à la lueur de ces faits indéniables, beaucoup de problèmes perdent leur aspect inquiétant ; la série des points « inflammatoires » se restreint.

Il en est deux pourtant qui sollicitent l'attention et qui peuvent inspirer de légitimes anxiétés. Le premier est placé au centre même de l'organisme européen. Là se meurt un empire qui aurait pu exercer une action considérable sur la civilisation et qui n'a été, en somme, qu'un vaste commissariat de police. C'est l'Autriche. Ses jours sont comptés. On ne voit pas comment, avec ses deux capitales, son triple ministère, ses six chambres, ses dix-huit diètes et ses onze nationalités, cette communauté extraordinaire pourrait reprendre racine dans la vie. Mais, d'autre part, les héritiers ne sont guère pressés d'entrer en jouissance, tant ils prévoient de dissidences et de procès ; aussi s'emploient-ils de leur mieux à prolonger l'existence du moribond. Si l'on réfléchit que l'héritage autrichien déplacera le centre de gravité de l'empire d'Allemagne, libérera une moitié de la Pologne, laissera la Bohême inorganisée et la Hongrie isolée en face de ses ennemis héréditaires, on conçoit que ni les Allemands, ni les Russes, ni les Magyars, ni même les Tchèques n'aient le désir de le voir s'ouvrir. Il s'ouvrira néanmoins et peut-être plus tôt qu'on ne pense. Un robuste optimisme est nécessaire pour que l'on ose envisager avec sérénité l'éventualité d'un semblable événement.

Le second point est situé à l'Occident, hors de tout contact continental. Là viennent s'enregistrer les progrès d'un autre empire qui semble à l'apogée de la puissance et qui est, chose curieuse, aussi disséminé géographiquement que l'Autriche est compacte et aussi uni moralement qu'elle est divisée. C'est l'Empire britannique, ou, pour mieux dire — car il faut pouvoir y comprendre les États-Unis — c'est le système anglo-saxon. Ses gouvernants, à Washington comme à Londres, s'approchent d'un carrefour terrible ; de la route qu'ils choisiront dépendra ce progrès moral dont le monde a besoin pour équilibrer ses progrès matériels. Les Anglo-Saxons adhèreront-ils au *nationalisme* ou le rejetteront-ils ? Grave alternative ! car, s'ils y adhèrent, ils consacreront son triomphe. Or, il faut bien le reconnaître, le nationalisme est, à l'heure actuelle, le plus grand obstacle au progrès moral. Sous couleur de patriotisme, il déchaîne les haines de races, soulève les passions cupides et ravive l'intolérance religieuse.

Voilà deux problèmes qui, par leur ampleur, dominent tous les autres. Notons, en passant, cette particularité, qu'il y a entre eux une sorte de lien philosophique. La question d'Autriche, c'est, pour ainsi dire, la victoire des patries. Elle ne se poserait point si l'on pouvait tuer les nations, mettre les races au tombeau. Il est avéré désormais qu'à moins de circonstances tout à fait exceptionnelles, cette triste besogne n'est pas faisable. L'échec des Habsbourg est une consolation pour l'humanité car plus cet échec est complet, plus la Justice est satisfaite. Mais, par un saisissant contraste, à l'heure même où cette loi de la survivance des nations est établie sans conteste, des peuples, que rien ne menace et qui sont maîtres de leurs destins, s'enferment dans l'idée de patrie et la transforment en une forteresse de fanatisme et d'un foyer de discordes internationales.

L'Allemagne, la Russie, la Hongrie, l'Angleterre et les États-Unis sont donc les pays dont vont dépendre plus particulièrement au début du xxme siècle, la paix matérielle et le repos moral de l'Europe. Les trois premiers sont directement intéressés dans la succession d'Autriche : les autres représentent le poids que fera pencher dans un sens ou dans l'autre la balance de la civilisation. Quel est, en ce qui concerne l'Empire allemand, son degré de consistance et comment supportera-t-il l'annexion des provinces autrichiennes de langue allemande ? Cette annexion est-elle compatible avec son organisation intérieure et son orientation extérieure actuelles ? N'aura-t-elle pas pour conséquence d'ébranler l'une ou l'autre ? Et alors, quel esprit anime le peuple allemand ? Sous quelle forme sacrifie-t-il au nationalisme et quelles ambitions nourrit-il ? La Hongrie, à son tour, où en est-elle ? Aura-t-elle les moyens de faire accepter aux peuples que la géographie oblige à vivre avec elle et par elle, un compromis qui les satisfasse sans diminuer pour cela son prestige ni entraver ses progrès ? Les Tchèques, enfin, sauront-ils surmonter les difficultés que rencontre en Bohême et en Moravie, la constitution du gouvernement autonome, et ensuite, quelle sera leur vie de quasi-insulaires, entourés, comme d'un océan, par l'écrasante unité germanique ? Voilà ce qu'il nous importerait grandement de savoir.

Mais ce n'est pas tout. La Russie est là, inconnue formidable qui peut-être réclamera les Ruthènes comme ses fils légitimes, mais qui, en même temps, se trouvera en présence d'une Pologne géographiquement reconstituée, enrichie, populeuse et toujours vibrante de patriotisme. Saura-t-elle se l'attacher en lui rendant ses libertés, ou bien, l'histoire se répétant, la Pologne est-elle destinée à redevenir, entre Germains et Slaves, une pomme éternelle de discorde ?....... Ainsi, l'Europe n'est pas *achevée* ; tandis que les États qui l'encerclent ont atteint leur développement normal et réalisé leur forme définitive, une incertitude plane encore au centre. Plus on examine le temps présent, plus on cherche à en saisir l'ensemble et à en scruter les détails et plus il semble que ce fait capital surplombe tout l'avenir. Les conflits coloniaux pourront, sinon s'éviter, du moins se circonscrire, et quelque degré d'acuité qu'atteignent jamais les rivalités commerciales, une guerre d'intérêts sera rarement populaire, par la raison que les citoyens d'un même pays auront toujours des intérêts contradictoires. Mais là, au cœur de l'Europe, il ne s'agit ni de fortune ni même de prépondérance. Ce sont des questions de vie ou de mort qui se posent ; on ne saurait ni les éluder, ni les limiter. Mais on pourrait les aborder dans un esprit de paix, de liberté et de justice. En sera-t-il ainsi ?

Aux Anglo-Saxons de le décider. Il s'agit de savoir s'ils trouveront en eux-mêmes la force nécessaire pour triompher des suggestions de l'esprit de lucre et de domination. Déjà, chez eux, la lutte bat son plein. D'un côté, il y a tout un passé de libre-arbitre individuel et collectif, des traditions de justice et de légalité, l'habitude de débattre les affaires publiques, de raisonner les événements, de former et d'énoncer des jugements indépendants. De l'autre, il y a une montée extraordinaire de richesse et de force, des projets séduisants, des entreprises audacieuses, la confiance en soi qu'engendre le succès, le désir de garder son avance et aussi, il faut bien le dire, de pernicieux exemples déjà donnés par d'autres peuples.

Telle est, par excellence, la question d'Europe, question politique, mais surtout morale et dont la gravité réside principalement dans son caractère inéluctable. Rien ne l'empêchera de peser sur le siècle qui vient. Qu'y pourraient des changements de gouvernements ou de dynasties ? Qu'y pourrait le socialisme lui-même ? Pour que se produisent, au point de vue international, les effets bienfaisants qu'en attendent ses partisans, ne faudrait-il pas qu'au préalable la réforme morale fût accomplie et qu'un souffle de fraternité eût déjà passé sur une Europe aux frontières indiscutées ?

Aborder un semblable sujet et vouloir le traiter en quelques chapitres dans les colonnes d'un journal, constitue une tentative d'apparence si téméraire que je dois m'excuser d'en avoir accepté la charge. Si je l'ose pourtant, c'est que je crois la chose possible et utile. On voudra bien considérer cette étude comme le résumé, la quintessence d'un long travail préalable qui ne saurait trouver place ici. Tel qu'il est, ce résumé, au milieu de beaucoup de défauts, aura du moins une qualité, celle d'une tendance nettement impartiale. Pour juger sainement et loyalement, l'écrivain doit non pas regarder sans lunettes, ce qui lui ferait voir une humanité de convention, mais changer de lunettes en passant d'un pays à l'autre, de façon à utiliser successivement toutes celles qui sont en usage dans les pays dont il prétend étudier les progrès et surprendre les destins. C'est ce que je me suis efforcé de faire.

I. — L'EMPIRE ALLEMAND

L'Empire allemand est la formule qui représente l'Allemagne dans le monde et en tient lieu. À proprement parler, il n'y a point d'Allemagne comme il y a une France, une Espagne ou une Italie. Mais il y a des territoires occupés par le peuple allemand et qui lui appartiennent historiquement. L'organisation politique de ces territoires est d'autant plus importante que leurs contours géographiques sont moins assurés.

La principale force de l'empire lui vient de son caractère historique, de cette longue accoutumance à l'idée impériale qui créa en quelque sorte les sujets avant qu'il y eût un souverain. Je ne parle pas ici du Saint-Empire romain germanique, avec lequel l'institution actuelle n'a presque aucun trait commun. Le nom seul les rapproche, la chose diffère totalement ; il n'y a pas plus de ressemblance entre les deux souverainetés qu'entre le Reichstag et la vieille Diète de Ratisbonne. Mais si l'œuvre est nouvelle, cela ne veut pas dire qu'elle ait été spontanée. Le plan, au contraire, en était tracé depuis longtemps. Au début du XIXe siècle, les matériaux de reconstruction s'amassaient déjà au pied du vieil édifice vermoulu dont les événements extérieurs allaient précipiter la chute. Dès que l'Autriche eut abdiqué une dignité devenue vaine, des hommes d'initiative que la foule ne pouvait suivre encore ni comprendre, commencèrent de rédiger des projets et des contre-projets en vue non de restaurer l'empire, mais d'en fonder un nouveau sur des bases différentes.

Il semble qu'ils se soient beaucoup moins préoccupés d'opposer la Prusse à l'Autriche que de trouver la formule nouvelle qui remplacerait l'ancienne. La rivalité entre ces deux puissances était inévitable, puisqu'aucun des autres Etats allemands n'était de taille à présider l'empire ; leurs titres, d'ailleurs, s'égalaient. Si l'Autriche avait pour elle son passé plus brillant et la plus grande étendue de ses possessions, elle avait contre elle de n'être qu'à demi germanique. Les traités de Vienne, qui l'enrichirent en hommes et en terres, ne firent qu'accroître cet inconvénient en la chassant peu à peu vers l'Orient. La Prusse, au contraire, se germanisait. Malgré cela, les Allemands n'avaient pas fixé leur choix. L'état d'esprit des « avancés » d'alors est très caractéristique. Ils feront l'empire avec la Prusse ou avec l'Autriche, ou avec toutes les deux si elles arrivent à se mettre d'accord. Cette dernière combinaison ne serait pas viable, mais ils n'y prennent pas garde. Rien ne leur importe, pourvu que l'empire se fasse. Aussi, quand se réunit le Parlement de Francfort, issu du grand mouvement populaire de 1848, c'est d'abord l'archiduc Jean qui reçoit le titre provisoire de « vicaire impérial » et, l'année suivante, c'est à Frédéric-Guillaume, roi de Prusse, qu'on offre la couronne ! Sans doute, dans l'intervalle, il y a eu des marchandages, des intrigues, des compromissions plus ou moins avouables ; mais, en dehors du Parlement, on les ignore. L'idée impériale a, dès lors, nombre d'apôtres désintéressés dont l'éloquence entraîne peu à peu l'arrière-garde de l'opinion, timide et routinière. Lorsque Frédéric-Guillaume refuse cette couronne dont l'origine révolutionnaire l'inquiète, la désillusion est grande, mais le projet ne sombre pas. Un instant, on se retourne vers l'Autriche, puis la convention d'Olmütz met fin à toute velléité d'entente avec elle ; l'Autriche décidément est vouée à la réaction et à l'immobilité. Désormais, c'est entendu ! On fera l'empire avec la Prusse et, s'il le faut, malgré son roi.

Mais, pour réaliser l'idée, le peuple allemand n'est pas au bout des sacrifices nécessaires. Le plus grand sera celui de la liberté. Jusqu'ici il l'a entrevue devant lui. C'étaient d'ardents libéraux, ces 500 jeunes gens des Universités d'Iéna, de Halle et de Leipsig qui s'étaient réunis le 18 octobre 1817 à la Wartbourg pour proclamer leur foi en l'avenir de la patrie allemande. C'étaient aussi des libéraux, ces délégués des États allemands assemblés à Heidelberg le 5 mars 1848 pour provoquer la réunion d'un Parlement national. Tout ce qui s'est dit ou fait depuis 50 ans, a été dit ou fait au nom de la liberté. Mais du moment qu'il faut choisir entre la liberté et l'empire, nulle hésitation. L'épée prussienne, dès qu'elle sort du fourreau, est acclamée. Sadowa est populaire parce qu'il prépare l'empire ; Sedan plus encore, parce qu'il le crée. Les princes qu'amoindrit cette haute fortune du premier d'entre eux manquent peut-être d'enthousiasme ; mais le peuple rentre satisfait dans ses foyers. Ce ne sont pas tant les lauriers cueillis qui l'exaltent que le fait de posséder enfin ce qu'il a appris à considérer comme le symbole de sa force et la sauvegarde de son existence.

Symbole et sauvegarde, tel est bien le double caractère de l'idée impériale allemande : une idée qui n'est point claire pour les autres peuples et surtout pour les peuples latins. C'est que depuis le moyen âge, tout au moins la nationalité latine est quelque chose de précis. Qu'elle fût libre comme en France ou captive comme en Italie, elle ne s'ignorait point, elle n'avait pas de doute sur sa propre durée. La nationalité germanique, au contraire, a été égarée, disséminée par les accidents de l'histoire ; elle n'a plus connu ses limites, elle s'est longtemps cherchée et ne s'est retrouvée tout d'abord que dans les choses de l'esprit. Le premier lien commun entre Allemands a été une façon identique de penser. À une pareille nationalité, il faut un palladium, un centre, une institution qui la domine et la rassemble. C'est ce que fait l'Empire, et la nécessité de son existence est si évidente qu'elle s'impose à tous, même aux socialistes ; au milieu de tous les bouleversements qu'ils prévoient et qu'ils désirent, presque tous souhaitent le maintien de l'Empereur, se contentant de vouloir le lier à eux par un inextricable réseau de lois tyranniques.

L'accord va même au-delà : non seulement les Allemands sont unanimes dans leur attachement à l'Empire, mais, chose curieuse, ils semblent l'être aussi dans la façon philosophique de le concevoir ; chez un peuple aussi épris de pensée pure que l'est le peuple allemand, ce point de vue n'est pas négligeable. Il est bien vrai qu'entre la théorie et la pratique se creuse partout l'abîme des réalités et des intérêts. Les Allemands, surtout depuis qu'ils s'enrichissent et que leur prospérité s'affirme, n'ont garde d'y rester insensibles. Mais ils ne peuvent se soustraire à l'influence d'idées profondément enracinées et auxquelles beaucoup de leurs principaux écrivains ont apporté le renfort du talent et de la renommée. Ainsi s'est répandue parmi eux — et les événements de 1866 et de 1870 y ont grandement aidé — cette croyance en une force supérieure, en une sorte de Jéhovah national, croyance confuse et précise en même temps que chacun professe à sa manière et parfois inconsciemment.

Pour l'Empereur, cette force, c'est son droit divin. Il le proclame nettement. « Nous autres, Hohenzollern, s'écrie-t-il, nous tenons notre couronne du Ciel seul et c'est au Ciel seul que nous avons des comptes à rendre. » Mais ce droit divin n'est pas cependant celui de Louis XIV ou même de Frédéric II. Il sous-entend l'inspiration permanente d'en haut et se double d'une mission providentielle. Lorsque Guillaume II parle de ses sujets comme du « peuple enfin choisi par Dieu pour donner la paix au monde », il établit d'une manière péremptoire le caractère de la mission. Depuis le temps d'Israël, on n'avait plus osé s'exprimer en de pareils termes. C'est qu'en effet, il n'y a point là une simple fleur de rhétorique impériale : la conviction est sincère, absolue. Elle éclate de même dans chacune de ces allocutions grandiloquentes par lesquelles l'Empereur trace aux recrues leurs devoirs militaires, fait sentir aux matelots les austères beautés de leur carrière ou rappelle aux fonctionnaires de l'État les graves responsabilités qu'ils encourent. Le 31 octobre 1892, on inaugure, à Wittenberg, la Schlosskirche ; c'est le moment de la polémique soulevée par le professeur Harnack à propos du fait miraculeux de la naissance du Christ ;

le conseil suprême de l'Église de Prusse n'a pas osé prendre parti. Guillaume n'hésite pas ; il déclare solennellement que la naissance miraculeuse du Christ est une vérité fondamentale, un dogme. Il agit ainsi non par autocratisme, mais parce qu'il se croit inspiré. Son grand-père l'était avant lui. Dans le culte qu'il rend à Guillaume Iᵉʳ, on ne relève pas seulement l'expression d'une affection reconnaissante, mais un hommage à l'Élu de Dieu. Il le loue en termes bibliques et prend soin de placer à côté de son image sur les monuments consacrés à sa gloire, une allégorie ailée qui est le symbole de cette Élection divine. Or, la plus belle qualité de Guillaume II, celle qui le rend si séduisant et donne tant de relief au moindre de ses actes, c'est la sincérité. Sans doute, il est habile ; mais son habileté est le produit naturel de son intelligence rapide, de sa facilité de travail et de ses connaissances générales, qui sont considérables ; il est habile par intuition ; il ne l'est pas par raisonnement. On ne peut attribuer une part de calcul, si petite soit-elle, aux rappels fréquents et le plus souvent spontanés qu'il fait du caractère surnaturel et providentiel de son pouvoir.

Le point de vue est très différent, mais le résultat reste le même chez les disciples du Grand Réaliste, chez les bismarckiens. partisans de la Raison d'État, qui approuvent que la Force prime le Droit et qu'on falsifie des télégrammes pour déchaîner une guerre jugée nécessaire. De même que le Droit divin de Guillaume II diffère de celui de Louis XIV, la Raison d'État de Bismarck n'est pas celle de Richelieu. Celle-là se taisait, la nouvelle s'affirme. On la traite d'insolente, de brutale, et on a le droit, mais ce sont là des qualificatifs et non des explications. D'où viennent cette insolence et cette brutalité dans le procédé ? Du fait que la Raison d'État est envisagée ici comme la servante non seulement de l'Allemagne, mais de l'humanité. Elle est glorieuse, sûre d'elle-même, parce qu'elle a conscience de travailler pour le bien de la civilisation, pour l'avancement de tous. Le Chancelier de Fer n'est pas uniquement responsable de cette conception des choses ; il l'a consolidée, mais elle datait d'avant lui. L'historien saxon, Henri de Treitschke, qui n'avait point l'âme vulgaire, écrivait, il y a quarante ans, à l'heure même où Bismarck arrivait au pouvoir : « Il faut savoir quitter le terrain du droit quand la Raison d'État le demande. » Pour comprendre combien d'honnêtes gens étaient prêts à souscrire à cette maxime détestable, il faut se remémorer les étapes douloureuses par lesquelles, au commencement du siècle, le patriotisme germanique avait dû passer. Les peuples qui souffrent ont une tendance naturelle à confondre leurs propres intérêts avec ceux de l'humanité entière et leur revanche avec celle de la justice. L'idée de la Revanche a dominé l'Allemagne comme elle domine maintenant la France ; seulement, en Allemagne elle a joué un rôle actif ; elle a pris corps : elle a inspiré des actes, est entrée dans le domaine de la réalisation ; alors le sens critique s'est faussé ; on s'est hypnotisé à voir le but ; on a accepté les moyens sans les contrôler. C'est ainsi que la Raison d'État, invoquée par un homme sceptique entre tous, s'est colorée, aux yeux de la plupart de ses concitoyens et parfois même — qui sait ? — à ses propres yeux, de je ne sais quel reflet providentiel et sacré.

Le culte rendu par les Prussiens à l'État est venu renforcer cette tendance. C'est, chez eux, une tradition lointaine : ils possèdent une bureaucratie fortement organisée qui leur a rendu de grands services et qui en ressent de l'orgueil. Était-ce à elle que pensait Feuerbach lorsqu'il écrivait, en 1841, que « le vrai Dieu, le Dieu humain, sera l'État » ? En tous les cas, une telle formule ne peut être lancée impunément dans un milieu où la croyance à la perfectibilité indéfinie de l'État est déjà répandue, pas plus que des doctrines comme celles de Kant, d'Hegel ou de Fichte n'y peuvent être impunément prêchées. Donc, qu'elle soit attribuée au souverain ou à l'État, à la couronne ou à la nation, la mission providentielle de l'Allemagne a été implicitement admise par un nombre considérable de citoyens de toutes classes et de toutes conditions qui, sans même s'en rendre compte, en font la base de tous leurs raisonnements.

On pourrait croire que les socialistes échappent à un semblable état d'esprit ; mais ils y sont, au contraire, plus sujet que les autres. Avec eux, en effet, le programme se précise : l'Allemagne n'est plus seulement destinée à conduire le inonde, mais à organiser son bonheur. Le socialisme allemand a pour lui le nombre et la discipline. Sa puissance numérique se manifeste aux élections par un nombre toujours croissant de suffrages : 100.000 en 1871 et près de 2,000,000 aujourd'hui. Quant à sa discipline, ni la répression impitoyable organisée jadis par M. de Bismarck, ni les avances habiles qui ont été tentées depuis lors n'ont réussi à l'entamer sérieusement. L'un et l'autre phénomènes sont explicables par la loi. Les trois quarts des socialistes allemands seraient hostiles à la République ; les deux tiers s'effaroucheraient si demain ils se trouvaient face à face avec les conséquences pratiques du collectivisme. En revanche, ils professent tous un même *credo* pour lequel beaucoup d'entre eux se laisseraient certainement martyriser. La *Kölnische Volkszeitung* l'avait, du reste, fort bien dit : « La démocratie socialiste n'est pas un parti, c'est une conception du monde. Elle vise à remplacer Dieu et la religion, la famille et l'État, pour s'y substituer elle-même avec la souveraineté sans bornes de la *Société Invisible* sur l'individu, ses efforts, ses pensées et ses actes. » Cela manque peut-être de clarté, mais non de franchise. Déjà la religion socialiste a ses dogmes, ses prophètes, son culte. Les prophètes, ce sont Jésus de Nazareth, dépouillé, bien entendu, de sa nature divine et considéré comme un simple précurseur, Hegel, à cause de sa théorie de l'État, Darwin pour son matérialisme pourtant anti-égalitaire, mais surtout et avant tout Marx, le prophète par excellence, le nouveau Mahomet. Quant aux dogmes, le premier et le plus important est celui de l'évolution.

L'évolution socialiste est fatale, perpétuelle et totale : c'est-à-dire qu'elle englobe l'esprit et la matière et jamais ne repasse par les même états ; en un mot, elle atteint ce que, dans l'homme, on s'est habitué à considérer comme indélébile, à savoir les instincts individualistes ; ces instincts, n'étant pas le fait de la nature humaine, mais de la déformation sociale, doivent, dès lors, disparaître avec le régime « capitaliste » qui les a fait naître.[1] Le culte, enfin, consiste dans la diffusion doctrinale, seul gage de progrès. Répandre la science — la science, c'est ici l'ensemble des doctrines socialistes — est donc le devoir de tous, l'acte méritoire. De là un ardent prosélytisme intellectuel, une propagande vraiment apostolique. Tout parti recueille des cotisations, organise des conférences, publie des journaux et des brochures. Mais en plus, celui-ci a son calendrier, ses anniversaires, ses recueils de poésies et de chants, ses associations de jeux, ses théâtres, ses restaurants et jusqu'à ses auberges. Il a surtout son « université » circulante et multiforme,

---

1 Le récent Congrès de Hanovre n'indique pas que sur ce point le marxisme soit en déroute, la foi dans l'Évolution est toujours aussi grande.

Pierre de Coubertin

dans laquelle sont enseignées méthodiquement une Histoire et une Économie politique bien singulières. Certes, jamais la science ne s'était vu travestir de si piteuse façon et jamais pourtant on ne lui a rendu des honneurs plus sincères. Les socialistes allemands s'inclinent devant elle avec ferveur, ils croient la servir en se l'assimilant par bribes, au hasard, en l'interprétant à leur guise ; ils croient lui obéir un peu comme les sauvages, en écoutant la voix de leurs propres passions, croyaient obéir à leurs manitous. Cette science est allemande. D'internationalisme en tout ceci, on ne voit pas trace ; l'exclusivisme, au contraire, se fait partout sentir. Pour un peu, on s'étonnerait que Jésus ne fût pas né en Allemagne. En tout cas, c'est grâce à l'Allemagne socialiste que le monde sera sauvé, comme par surcroît : s'il ne sait pas la suivre, il se perdra.

À peine est-il besoin d'ajouter que ces états d'esprit si divers se reflètent dans l'armée. Profondément dévouée à son souverain qui la dirige en personne, soustraite pratiquement au contrôle parlementaire par l'institution du septennat, commandée par une aristocratie militaire qui se recrute elle-même (on devient officier comme on devient membre d'un club, par le vote de ses futurs collègues), l'armée croit au droit divin et admet volontiers la Raison d'État. On dit que, d'autre part, la propagande socialiste, assez active parmi les soldats, a pénétré jusque dans les rangs des officiers ; la chose est probable. Mais entre militaires et socialistes, les points de vue ne diffèrent pas tellement et les habitudes de discipline sont les mêmes. L'absence d'antagonisme est, d'ailleurs, probante. Des cas toujours assez nombreux de désertion et le fait que les *Kriegersvereine*, associations de vétérans protégées par le gouvernement, prononcent chaque année des exclusions pour cause de socialisme trop avéré, n'infirment pas l'importance de cette constatation que les ouvriers gardent, en général, bon souvenir de leur temps de caserne et ne témoignent d'aucune hostilité contre le principe du service militaire. Il serait profondément naïf, au moins en ce qui concerne l'Allemagne, d'associer l'idée du désarmement à l'idée du triomphe socialiste. Non seulement la démocratie socialiste, si elle arrivait à dominer dans l'empire, se garderait de briser l'outil militaire, mais elle en ferait probablement usage pour imposer sa formule autour d'elle.

Tel est l'Empire allemand. Suite logique de l'histoire, cristallisation légitime et nécessaire du germanisme, ce grand corps est en équilibre moral de pensée et d'action. Unité des sources et des formes de la pensée, unité des mobiles et des formes de l'action, ce sont là des garanties d'avenir, car cela suffit à composer une civilisation nationale. Sans doute, on pourrait imaginer cette civilisation plus large, plus ouverte, plus apte à servir la civilisation universelle, Mais au point de vue national, elle n'en est pas moins productive de force et de cohésion. L'Empire a, en plus, cet avantage d'avoir à sa tête des chefs qui furent les artisans de sa grandeur et demeurent les représentants héréditaires de ses intérêts ; les services que lui rend de la sorte la maison de Hohenzollern sont immenses ; les trois personnalités princières qui se sont déjà succédé sur le trône, comptent parmi les plus remarquables du temps présent. Il n'est pas jusqu'à la brièveté du règne de Frédéric III qui n'ait contribué à donner à l'institution une élasticité précieuse. Ce souverain généreux eût, sans doute, échoué dans ses entreprises libérales, parce que l'heure n'y était pas propice ; mais de son rapide passage sur le trône, la minorité libérale a conclu qu'il *pouvait* y avoir des empereurs libéraux et cette assurance l'a satisfaite. Quant à Guillaume II, il a merveilleusement saisi les sentiments de la majorité de ses sujets et jusqu'ici il y a conformé sa conduite. Il s'applique à les guider, à les pousser dans la voie de la civilisation moderne : le moindre progrès matériel l'intéresse ; chaque point qui s'éclaire sur l'horizon humain, fixe aussitôt son regard et, d'autre part, autour de lui, tout marque la puissance, il s'environne d'un appareil guerrier et met l'épée à la main pour parler de la Paix. Cette épée est celle de l'Empire : elle constitue le symbole et la sauvegarde longtemps désirés par le peuple allemand ; aussi la contemple-t-il avec ferveur, n'étant pas encore blasé sur la satisfaction de la posséder.

On ne voit pas, au premier abord, en quoi pourrait nuire aux propriétaires d'un vaste domaine, fortement constitué et gouverné, l'accroissement de biens provenant d'un héritage que nul n'aurait le droit de leur disputer ou de recueillir à leur place. Le Tyrol et la Styrie du Nord, Salzbourg, la Haute et la Basse-Autriche sont des provinces purement allemandes ; le lien qui les retenait à la monarchie des Habsbourg venant à se rompre, il est inévitable que celle des Hohenzollern agisse sur elles comme un centre d'attraction. Or, cet événement si simple et si aisé à prévoir aurait pour conséquence presque immédiate d'entraver le fonctionnement des rouages politiques dans l'Allemagne actuelle.

Établie en 1867 et simplement retouchée en 1870, la Constitution allemande est, en grande partie, l'œuvre de Bismarck. Elle comporte trois rouages principaux, le *Reichstag*, le *Bundesrath* et ce pouvoir exécutif qui s'appela d'abord le *Bundespraesidium* et devint ensuite l'Empire. Le Reichstag se compose d'une Chambre unique, nombreuse, élue au suffrage universel direct et secret, très différente, par conséquent, de la Chambre prussienne, qui est issue, elle, d'un suffrage censitaire à deux degrés. La compétence impériale du Reichstag est limitée, mais elle peut être étendue au moyen d'une révision constitutionnelle pour laquelle il suffit de l'accord de deux majorités simples au Reichstag et au Bundesrath. Ce dernier corps est un conseil fédéral dans lequel siègent les délégués des quatre royaumes allemands (Prusse, Bavière, Saxe, Wurtemberg), des trois villes libres (Hambourg, Brême, Lubeck) et des 18 grands-duchés, duchés et principautés admis dans la Confédération de 1867. Le Bundesrath a des pouvoirs considérables : son assentiment est nécessaire pour signer les traités et déclarer la guerre ; d'importants fonctionnaires lui doivent leurs postes ; il prépare les lois soumises au Reichstag et les examine de nouveau quand elles en reviennent avant que l'Empereur puisse les promulguer. Il a des attributions judiciaires de Cour suprême ; il sert d'arbitre légal entre les États ; il fait des instructions administratives et exerce même, en certains cas, un pouvoir exécutif. Mais le plus étonnant de ses privilèges, c'est peut-être que ses membres aient le droit de siéger au Reichstag et de prendre part aux débats.

Ainsi cohabitent en face du trône la démocratie pure appuyée sur le suffrage universel et le vieux particularisme germanique ressuscité par ceux-là même qui voulaient l'anéantir. Frédéric II sûrement s'en fût alarmé, mais les temps ont marché et il n'y aurait rien là de trop inquiétant si le pouvoir de l'Empereur faisait contrepoids. Or, l'Empereur, d'après la Constitution, n'est pas un vrai souverain ; il est le délégué des gouvernements confédérés ; il n'a pas l'initiative des lois ; pour procéder à une exécution fédérale, pour dissoudre le Reichstag, il lui faut la sanction du Bundesrath. Seulement, il est roi de Prusse et, ce qu'il ne peut comme empereur, il le peut comme roi de Prusse par le moyen de son chancelier, lequel préside de droit le Bundesrath et de fait le ministère prussien, et, grâce à ce cumul, peut impérialiser le pouvoir royal. C'est ici le centre de toute la machine, le boulon par lequel l'Allemagne tient à la Prusse. On dirait vraiment que Bismarck, en le rivant, n'a songé qu'à assurer la durée de son propre pouvoir, à se rendre nécessaire et, qu'après avoir organisé pour son suzerain deux prisons éventuelles, le Reichstag et le Bundesrath, il s'était contenté d'en garder les clefs dans sa poche.

Les inconvénients d'une telle organisation sont à peine sensibles tant que dure la lune de miel de la victoire, prolongée, d'ailleurs, par l'habileté et l'autorité personnelle de Guillaume II. Mais elle ne saurait durer toujours, et si même le Bundesrath et le Reichstag pouvaient continuer d'être le conseil froidement discret et l'assemblée un peu hargneuse, mais obéissante quand même, qu'ils ont été jusqu'à présent, cette situation ne saurait survivre à l'annexion des provinces autrichiennes. Sans doute, le particularisme est mort, en tant qu'obstacle à l'unité ; seulement unité allemande et prédominance prussienne ne sont pas synonymes à perpétuité ; s'ils le furent au début, les deux termes perdent déjà un peu de leur équivalence. L'accord, d'ailleurs, n'existe entre Allemands ni au point de vue religieux, ni au point de vue économique. Le jour où le Sud recevra un pareil renfort, comment les conflits qui déjà mettent aux prises catholiques et protestants, industriels et agrariens n'auraient-ils pas une répercussion directe au sein du Conseil Fédéral ? Ce jour-là, le roi de Prusse ne pourra plus gouverner l'Empire sans l'exposer à de graves désordres. Il faudra de toute nécessité modifier l'œuvre de 1867 et créer les prérogatives impériales qui n'existent pas. Cela ne se fera point sans résistances de la part de la Prusse. Si Guillaume II n'est plus, son successeur sera-t-il à la hauteur de cette tâche intéressante et patriotique, mais infiniment délicate ?… Tout est là.

Les apparences, on le voit, sont trompeuses. Au premier abord, ce qui paraît solide en Allemagne, c'est l'édifice politique puissamment construit, cimenté de sang et de gloire, tandis que les oppositions de caractères, de religions, d'intérêts, les exagérations de l'impérialisme, les progrès des socialistes tendraient à faire croire que socialement et moralement, l'unité n'est point complète.

Pierre de Coubertin

Dans la réalité, c'est tout le contraire. Les rouages politiques sont frêles parce que le poids qu'ils étaient destinés à supporter a été mal calculé, et c'est l'accord des citoyens qui produit la force nationale. Un même orgueil les enflamme. L'Allemagne impériale est pour eux plus qu'une patrie, plus qu'une époque, presque une déesse. Croyants ou non-croyants, le « Gott mit uns » inscrit sur leurs monnaies est l'expression exacte de leurs sentiments. Gott, ce n'est point le Dieu universel, c'est le Iahvé fidèle à son peuple et dur aux autres nations. Le iahvéisme des Hébreux ne fut ni plus caractérisé ni plus répandu que celui-ci. Entre les deux, pourtant, il y a des siècles d'évolution et tout l'immense progrès des sciences !

Supposons maintenant l'Allemagne ayant complété son unité territoriale et perfectionné le détail de ses institutions. À quoi va-t-elle tendre ? La réponse est inscrite sur la carte. Trieste sera son objectif. N'oublions pas qu'il s'agit d'une communauté possédant d'énormes ressources économiques et ayant le désir et le goût de les faire valoir ; or, de ses nouvelles frontières, l'Adriatique sera toute proche, et l'Adriatique, c'est la Méditerranée, l'Orient, Suez, la route des Indes et de la Chine. Pour y atteindre, il suffira de traverser la Carinthie déjà plus qu'à demi allemande, et la Carniole, propriété de ces Slovènes qui, tirés par Bernadotte et Bonaparte de leur longue léthargie, ont ressuscité par les lettres et les arts, autour de Laybach leur capitale, une nationalité digne de respect, mais un peu fictive et dont les revendications, pour justes qu'elles soient, triompheront bien difficilement. Les plus grands obstacles que l'Allemagne rencontrera en ces régions, viendront encore de la nature qui a dressé là un formidable massif montagneux ; mais la science fournit les moyens de tourner de tels obstacles, et l'enjeu, du reste, vaut un vigoureux effort ; le pays qui possédera à la fois Hambourg et Trieste, aura devant lui une ère d'incomparable prospérité ; or, cette prospérité, loin d'en être jalouse, l'Europe devra s'en féliciter, car il lui importe que l'Allemagne soit grande et riche et que son activité s'épande au dehors en progrès matériels. Le débouché vers le Sud assurera la circulation normale du sang germanique, et constituera la sécurité de la Belgique, de la Hollande et de la Suisse. Ce sera un puissant élément de paix.

Mais, en dehors même des complications imprévues dont on doit toujours tenir compte, les difficultés sur cette route abondent.

La principale, c'est encore le déplacement du centre de gravité de l'Empire auquel il faudra tant de souplesse et d'énergie pour remédier à temps. Il est encore ce que Bismarck l'a fait : une Prusse agrandie. Pour qu'il atteigne les vastes horizons qui sont devant lui, il faut que le roi de Prusse, muni d'un véritable pouvoir impérial et appuyé sur un Sénat indépendant et vraiment national, devienne ce qu'il n'est encore que de nom : l'empereur d'Allemagne, de toute l'Allemagne.

II. — L'IMBROGLIO HONGROIS

Il est impossible de n'être point frappé, au premier coup d'œil jeté sur une carte, par la configuration géographique de la Hongrie. On dirait une forteresse. Les Karpathes, les Alpes transylvaniennes, les montagnes de Serbie, de Bosnie, de Slavonie, de Styrie lui font une ceinture de remparts ; au centre s'étend une esplanade immense, semée de villes, abondamment pourvue d'eau, divisée par le Danube et la Theiss en trois parties presque égales et ouvrant à ses deux extrémités par les deux ponts-levis de Presbourg et des Portes-de-Fer, d'une part sur le monde occidental et de l'autre sur le monde oriental. Telle est la contrée privilégiée que les Magyars envahirent au IXe siècle sous la conduite d'Arpad et dans laquelle ils s'établirent. On sait comment leur roi Étienne, fils de Geza, les initia au christianisme ; comment la dynastie d'Arpad s'étant éteinte avec André III en 1339, le trône devint électif ; comment, après les luttes légendaires de Hunyadi et de Mathias Corvin contre les Turcs, la prospérité qui avait atteint son apogée avec Louis Ier dit le Grand, commença de décliner sous Wladislas, qui réunissait alors les trois couronnes de Bohême, de Pologne et de Hongrie ; comment, en 1526, Louis II mourut à Mohacz avec 500 magnats et 30,000 guerriers, ouvrant la Hongrie à Soliman, qui la ravagea ; comment, enfin, Ferdinand d'Autriche, frère de Charles-Quint et beau-frère de Louis II par sa femme, Anne Jagellon, recueillit son héritage et, élu par la diète de Presbourg, prêta le serment traditionnel des rois de Hongrie.

Ce serment consacrait de précieuses libertés. Dès la fin du XIme siècle, le roi Béla Ier avait organisé ces fameux comitats

qui ne constituaient rien moins que de petites républiques mu-
nicipales, présidées, mais sans pouvoir effectif, par le « comte suprême » représentant du Roi et nommé par lui. Ces assemblées où
se discutaient (en latin, langue officielle de l'État) toutes les affaires du comitat, comprenaient les nobles, les délégués des petites
villes, les ministres du culte et, en général, tous ceux qui exerçaient
des professions libérales ; on y élisait les fonctionnaires, juges, no-
taires, receveurs des finances ; chacun y parlait librement. « C'est
là, dit M. Asseline, dans son *Histoire de l'Autriche*, que se formait
ce singulier type magyar, fougueux comme un cavalier d'Attila et
subtil comme un légiste de Byzance, en appelant avec une égale
passion aux sabres frais émoulus et aux parchemins poussiéreux,
orgueilleux de sa patrie au point de mépriser le reste de l'humanité, poussant à l'extrême les magnificences et les égoïsmes du patriotisme, enivré de la liberté jusqu'au délire, mais ne la souhaitant
que pour sa race et ne se souciant nullement de cette puissance
d'expansion qui fait des progrès d'un peuple le patrimoine de tous
les autres. » — « On dirait, ajoute spirituellement l'écrivain, que
pour faire un magnat hongrois, on a pris la moitié d'un lord anglais et la moitié d'un émir oriental. » Le portrait, peut-être un
peu chargé, n'est point inexact. La civilisation magyare rappelle en
même temps l'Angleterre et l'Asie. Un admirable souci de la légalité, le respect de coutumes même surannées, un libéralisme sincère, mais fortement teinté d'exclusivisme, des rapports sociaux à
la fois démocratiques et inégalitaires, une religion quasi nationale
professant à l'égard des autres cultes une tolérance certaine, mais
dédaigneuse, voilà des particularités architecturales de l'édifice
britannique qui se retrouvent dans la construction hongroise. Par
contre, mille choses demeurent là-bas imprégnées d'asiatisme, et
par asiatisme il faut se garder d'entendre les abaissements de l'Is-
lam, mais bien la philosophie indécise et grandiose de cette Asie
centrale où l'homme a commencé de vivre sa vie moderne. D'Asie
est venue notamment la conception patriarcale de la souveraineté qui la place hors des atteintes du raisonnement, au-dessus de
la personnalité de l'homme qui l'exerce, si haut que, même si l'on
entre en lutte avec elle, on ne cesse point pour cela de la vénérer.

Ce sont là des traits de caractère qui s'opposent ordinairement.
Aussi la nationalité de la plupart des peuples de l'Europe ne s'est-

II. — L'IMBROGLIO HONGROIS

elle formée et fortifiée qu'au détriment de leurs libertés. Partout où la vie municipale fut intense — dans l'ancienne Allemagne, par exemple, — le pouvoir central demeura faible et le sentiment national fut tardif. La Hongrie fit exception et réalisa de la sorte une avance considérable sur son temps. Les comitats furent les cellules de son organisme politique et l'accoutumèrent au contrôle régulier des affaires publiques. La Diète symbolisa l'unité et la préserva. Avec ses deux Chambres, l'une composée des seigneurs et des évêques, l'autre où siégeaient les députés des comitats et des villes royales, elle réalisait en plein moyen-âge le gouvernement parlementaire. Plus d'un État moderne pourrait encore aujourd'hui faire des emprunts profitables à cette fameuse « Bulle d'or » du roi André II, qui, codifiée en 1231 par la Diète, devint la Constitution hongroise. Sans doute, une ombre subsistait dans le tableau de ces institutions libérales : le paysan n'était point émancipé ; il demeurait attaché à la glèbe, soumis à la corvée, exposé aux punitions corporelles ; il était traité, en un mot, comme un être d'une espèce inférieure. Mais où donc vit-on, en ces temps reculés, la liberté de conscience pratiquée, fut-ce d'une façon incomplète ? Où vit-on la noblesse partager le pouvoir avec la petite bourgeoisie, l'élection pourvoir à tous les emplois, l'*habeas corpus* garantir la liberté individuelle ? De telles conquêtes impliquaient nécessairement un avenir de progrès démocratique et l'on voudra bien admettre qu'un peuple qui avait su, dès le XIIIe siècle, s'élever à une conception gouvernementale aussi haute que celle dont la Constitution du « sérénissime roi André » posait les bases, n'était point destiné à en rester là.

Mais, de leur côté, les Habsbourg n'étaient pas gens à s'en accommoder et le serment qu'ils prêtaient à leur avènement ne les gênait guère. Aussi l'élection de Ferdinand d'Autriche marque-t-elle l'ouverture d'un conflit qui devait durer près de 350 ans. Avec une inlassable persévérance, les Habsbourg travaillèrent à implanter en Hongrie le despotisme civil et religieux qui constituait leur programme de gouvernement ; tantôt ils l'ensanglantèrent comme Léopold Ier, tantôt ils l'enserrèrent comme Joseph II ou François Ier dans le réseau de fer d'une administration centralisée. Les comitats furent soumis à des fonctionnaires impériaux ; de longs intervalles se passèrent sans que la Diète pût s'assembler. Pendant toute cette période, les révoltes furent incessantes et la plupart aboutirent à des traités qui consacraient à nouveau l'autonomie nationale, mais dont les clauses cessaient vite d'être observées. Le loyalisme magyar dépensait, d'ailleurs, avec prodigalité, au service de l'Empire, l'or et le sang du pays ; seulement, dès que la guerre prenait fin, l'Empereur, n'ayant plus à ménager ses « fidèles sujets », les replaçait avec empressement sous l'oppression de son joug paternel. Un tel régime, s'il n'affaiblit point le patriotisme d'une race bien trempée, ébranle néanmoins ses institutions. Non seulement tout progrès devient impossible, l'activité générale s'employant à défendre les résultats acquis, sans cesse remis en question, mais ces résultats eux-mêmes finissent par se trouver compromis. Il en est des mécanismes politiques et sociaux comme de tous les mécanismes : un mouvement régulier leur est seul favorable, les saccades et les intermittences les dérangent.

En se reportant aux débats dont la Diète hongroise fut le théâtre entre 1825 et 1835, on peut mesurer le terrain perdu. À cette époque, il y eut comme un réveil de la nationalité magyare, assoupie comme tant d'autres, à la suite des luttes titanesques qui avaient mis aux prises avec l'Europe entière la Révolution française et Napoléon, son héritier. La Hongrie constitutionnelle ressemblait au château de la Belle au Bois dormant, avec ses ferrures rouillées, ses panneaux déjetés, sa moisissure et ses toiles d'araignée ; les abus s'y étaient répandus : la noblesse avait mis la main sur les comitats et démesurément accru ses privilèges ; la corporation enchaînait l'ouvrier comme la terre le paysan. Les travaux publics étaient en retard, l'enseignement végétait. Sous l'énergique impulsion de Szechenyi, de Nagy, de Kossuth et de leurs amis, l'esprit public se réforma et la vieille bataille recommença. Car, décidément, les Habsbourg n'avaient rien oublié ni rien appris. La crise de 1848 elle-même, qui mit la dynastie à deux doigts de sa perte, fut impuissante à dessiller leurs yeux. Quand, à l'aide des Russes, la Hongrie eut été terrassée, Schwartzenberg reprit l'œuvre de Metternich en y apportant seulement un peu plus de brutalité et un peu moins d'hypocrisie. Il fallut Solferino et surtout Sadowa pour que François-Joseph se vît enfin forcé de restituer à la Hongrie son autonomie totale — et de s'appuyer sur elle.

Bien que plus d'un quart de siècle se soit écoulé depuis le grand événement qui réalisa, au centre de l'Europe, une triple émancipation germanique italienne et magyare, on ne saurait encore porter de jugement certain sur la politique intérieure de la Nouvelle-Hongrie. Ce qui paraît acquis, c'est que les Magyars n'ont point dégénéré ; on pouvait s'y attendre. L'énergie merveilleuse qu'ils déployèrent pendant la guerre de 1848-1849 et la sagesse dont ils donnèrent les preuves pendant la période qui suivit leur défaite suffisaient à garantir leur avenir. Les statistiques indiquent que l'accroissement de population — qui est considérable — est dû surtout à la fécondité de la race, mais pour une part aussi à son pouvoir d'assimilation. Quelles que soient donc les difficultés intérieures avec lesquelles, après trois siècles et demi d'oppression, le gouvernement magyar se trouve aux prises, la situation apparaîtrait sous un jour favorable si la question des « langues » ne venait la compliquer singulièrement.

L'homogénéité géographique de la Hongrie ne se double pas d'une homogénéité ethnique. L'esplanade de la forteresse est aux Magyars ; d'autres peuples occupent les remparts : Slovaques et Ruthènes sur la crête des Karpathes, Roumains en Transylvanie, Serbes sur la rive gauche du Danube, Serbo-Croates le long de la Drave. La diversité des cultes n'est pas moindre que celle des races : grecs-orthodoxes, grecs-unis, catholiques romains, calvinistes, luthériens, unitariens vivent juxtaposés et parfois mêlés les uns aux autres. En vertu de leur maxime favorite : « Diviser pour régner », les Habsbourg exploitèrent cette situation ; ils accordèrent aux Roumains de Transylvanie un patronage platonique et les habituèrent à regarder du côté de Vienne sans jamais leur donner un secours effectif contre la tyrannie d'ailleurs trop réelle de la noblesse magyare. Cette politique avait le double avantage d'affaiblir les deux partis en entretenant leurs dissentiments et de détourner l'attention de la Diète transylvanienne de ce qui se passait au dehors. L'Empereur n'avait garde d'oublier que le voïvode de Transylvanie, Jean Zapolya, concurrent de Ferdinand d'Autriche à la succession de Louis II, avait failli devenir roi de Hongrie. Mêmes procédés avec les Serbes. En 1339, après la bataille de Kossovo, dans laquelle sombra l'empire serbe, une émigration des vaincus avait commencé qui, très lente au début, fut encouragée par l'Autriche dans ce double but d'assurer la défense de l'Empire contre les Turcs et d'opposer aux Magyars, dans leur propre pays, une population qui ne parlait pas leur langue et pratiquait un autre culte. Les Serbes étaient d'admirables soldats : en retour des services qu'ils rendaient et pour les inciter à passer le Danube en plus grand nombre, on leur promit une indépendance presque complète, mais on s'abstint de défendre ensuite cette indépendance contre les Magyars qui, regardant, non sans quelque raison, les Serbes comme des intrus, prétendaient les mettre hors la loi.

Frères des Serbes par le sang, mais fidèles à l'Église romaine et dominés par un clergé riche et puissant, les Croates étaient unis à la Hongrie par des liens politiques qui dataient du roi Koloman. Le royaume « triunitaire » de Croatie, Slavonie et Dalmatie, était gouverné par la Diète d'Agram et par le Ban, sorte de vice-roi jouissant d'une autorité assez considérable ; certaines lois votées à Presbourg devaient l'être aussi à Agram et des représentants de la Diète croate siégeaient à la Diète hongroise. Avec le temps des changements importants se produisirent dans la constitution du royaume triunitaire. La Dalmatie en fut détachée par la conquête vénitienne ; occupée ensuite par les Français, elle fut en 1815 rendue à l'Autriche qui l'érigea en province impériale et la gouverna directement. D'autre part, des colonies serbes se créèrent en Slavonie, où, dès lors, naquirent des rivalités confessionnelles dont l'Empire fit son profit. Enfin, dans le comitat même d'Agram se constitua peu à peu un district noble doté de privilèges exorbitants, entièrement soumis à l'influence magyare et exerçant sur le reste de la noblesse croate une action nettement favorable à la politique hongroise. C'étaient là des éléments certains de trouble et de confusion. L'institution dite des « confins militaires » complétait l'état chaotique de la partie orientale de l'Empire. Les confins formaient une longue et étroite bande de terre qui allait de l'Adriatique aux frontières moldo-valaques et sur laquelle vivait une population composite dont le chiffre finit par atteindre un million. C'étaient des soldats appartenant à toutes les races de la monarchie et soumis à un régime à la fois communiste et militaire qui, s'il était favorable à leur entraînement professionnel, ne l'était certes pas à leur moralité. Ces guerriers laboureurs avaient été créés en 1550 en vue de défendre les lignes du Danube et de la Save contre les Turcs. Mais plus tard l'Autriche vit en eux des auxiliaires éventuels pour les luttes intestines qu'elle prévoyait.

Les théoriciens et les moralistes reprochent volontiers aux Magyars de n'avoir point émancipé tous ces peuples qui gravitaient dans leur orbite et de leur avoir, au contraire, imposé une domination qui dégénéra souvent en oppression et ils en accusent l'orgueil exalté et l'égoïsme irréductible dans lesquels ils croient voir les deux traits fondamentaux du caractère magyar. Outre que ce dernier point est sujet à controverse, on ne saurait s'étonner que la Hongrie n'ait point répandu autour d'elle les bienfaits d'une liberté qu'on lui refusait à elle-même. Historiquement forte, numériquement faible, il s'agissait pour elle de demeurer une grande puissance. Si pendant les 350 ans qu'a duré son *struggle for life*, elle s'était abandonnée un seul instant, c'en était fait de sa grandeur nationale. Sans doute cette politique avait son danger. On le vit bien en 1848 lorsque, attaquée en Transylvanie par les Roumains révoltés, au sud par les Serbes, à l'ouest par les Croates unis aux Impériaux, les Magyars durent faire front de tous les côtés à la fois. Malgré cela, leurs armes furent victorieuses et il fallut à François-Joseph l'appoint de 100,000 Russes pour que la fortune tournât de son côté. Aujourd'hui que la Hongrie achève de s'émanciper et de s'organiser, la sagesse politique qui l'a si longtemps soutenue lui commande d'améliorer la situation des peuples qui partagent ses destinées ; certains indices laissent supposer qu'elle en aperçoit la nécessité et que ses hommes d'État s'y préparent, mais il est évident que la tâche n'est point aisée.

Ce ne sont pas les souvenirs du passé qui la compliquent le plus ; à cet égard, le fossé n'est pas de ceux qui ne peuvent se combler. Rien ne servit aux Roumains, aux Serbes et aux Croates de prendre parti dans la querelle de 1848 ; ils n'en tirèrent aucun profit. Ils s'étaient laissés entraîner par leurs illusions à l'endroit de l'Autriche non moins que par leurs ressentiments envers la Hongrie ; la guerre emporta les illusions et diminua plutôt les ressentiments en départageant les torts. On arriverait à s'entendre s'il n'y avait cette terrible question des langues que la politique autrichienne entre 1849 et 1867 exaspéra jusqu'à la rendre presque insoluble. La Constitution du 4 mars 1849 reconnut, en effet, l'égalité de droits non plus des peuples historiques, mais des peuplades (Völkerstämme). Bien entendu, l'administration et la langue allemande recevaient seules l'estampille officielle ; on leur confiait comme au temps de Joseph II le soin d'assurer l'unité de l'Empire. C'était la rançon obligatoire de la triple défaite que les nationalités venaient d'éprouver en Hongrie, en Italie et en Bohême. Mais, au second plan, les autres langues étaient admises et placées toutes sur le même rang. Ainsi le ruthène était égalé au tchèque et au polonais, le slovaque au magyar, le Slovène au croate… etc. Tout groupe ethnique était admis à « cultiver sa langue et sa nationalité ». Jamais le « Diviser pour régner» n'avait reçu une plus ingénieuse application. On abaissait les nationalités dangereuses et en même temps on leur opposait les inoffensives, fières de leur être égalées. Il y eut des déceptions, par exemple lorsque le gouvernement tenta de ruthéniser l'université de Lemberg, qui avait toujours été un foyer de culture polonaise ; il fallut bientôt y renoncer : les étudiants ne comprenaient point le ruthène… l'allemand lui fut substitué. On fut plus heureux avec les Slovaques ; on les aida à se composer une langue historique, voire une histoire tout entière et à se réunir en congrès nationaux… Cette politique prit fin après Sadowa lorsque l'Autriche, enfin domptée, dut faire sa paix avec la Hongrie. Mais, appliquée pendant plus de quinze ans, elle a laissé des traces. Son influence s'est même propagée au loin. Le monde des Balkans tout entier est en proie aujourd'hui à une véritable crise philologique. Chacun s'ingénie à prouver qu'il conjugue les verbes ou décline les substantifs autrement que son voisin ; il n'en faut pas davantage pour se créer des titres à l'indépendance.

Ces titres, l'Europe ne saurait les reconnaître et il ne faut pas être grand prophète pour prédire qu'elle ne les reconnaîtra pas. C'est la prétention des Serbes et des Roumains de Hongrie de ne point comparaître devant les officiers de l'état civil magyar, qui a mis en échec, à Budapest, la loi du mariage civil. De telles prétentions sont inadmissibles, parce qu'elles rendraient tout gouvernement impossible. Confinant à la Serbie et à la Roumanie, qui sont des États indépendants, la Hongrie ne peut permettre que la langue serbe et la langue roumaine prennent pied chez elle au même titre que la langue magyare. Autant lui demander de renier son histoire et d'abdiquer son rang. Elle ne le fera pas et on ne saurait l'y contraindre, car elle a derrière elle un appui considérable, c'est l'Allemagne. L'alliance allemande est, pour elle, dans la force des choses ; l'intérêt — un intérêt vital — la conseille et aucun sentiment ne vient à la traverse. Le contact germanique a presque toujours été, pour les Magyars, salutaire et fécond. La persécution leur vint de l'Empereur, non de l'Empire. Ils n'ont rien à reprocher aux Allemands dans le passé, ils n'ont rien à en redouter dans l'avenir. Dans le présent, ils ont même un ennemi commun qui est le panslavisme.

Pour les gens naïfs, le panslavisme est un grand courant d'union fondé sur l'attrait réciproque et l'origine commune de tous les Slaves, quelque chose comme une vaste association de secours mutuels placée sous la présidence désintéressée du premier des Slaves, le Tsar. Mais pour quiconque observe et réfléchit, le panslavisme est une machine de guerre, un groupement fictif, démenti par les faits et condamné dans son principe. En vain cite-t-on les déclarations échangées à Prague en 1848 lors du fameux Congrès slave — plus tard, en 1867, la visite de Palacki et de Rieger au Congrès de Moscou — plus récemment encore la célèbre boutade échappée à Mgr Strossmayer, le Lavigerie croate : « Plutôt Russes que Magyars ! », aucun de ces incidents n'a de valeur réelle. Un abîme sépare ces peuples qu'on prétend confondre. Le moins slave de tous, c'est peut-être celui dont notre ignorance occidentale a fait le peuple slave par excellence, les Russes. Leur slavisme, en tout cas, est partout imprégné d'influences finnoises et tartares ; un Serbe et un Croate n'ont ni les mêmes tendances, ni la même forme d'esprit ; un Tchèque, encore bien moins. Les intérêts s'opposent également, comme aussi les traditions. L'attitude de la Serbie et de la Bulgarie l'a prouvé. Ce n'est pas pour le simple plaisir de se montrer ingrates et frondeuses qu'elles ont, dès le lendemain de leur émancipation, tenté d'orienter leur politique ailleurs que vers Pétersbourg ; la Bohême et la Croatie feraient de même dès qu'elles seraient libres ; commercialement elles dépendent du système germano-italien et c'est de ce côté que leur prospérité s'affirmera dans l'avenir. Voilà pour les intérêts ; quant aux traditions, elles sont lointaines. À l'heure où la Russie, échappant à l'étreinte mongole, formait à grand'peine sa laborieuse unité, la Pologne était assez puissante pour menacer Moscou, Raguse méritait déjà le nom d'Athènes des Slaves, la Bohême avait derrière elle six siècles de pensée et de progrès, et les Serbes, gardant en leur cœur le souvenir de la « Grande Serbie », rêvaient de la reconstituer un jour. Tous ces peuples ont développé des institutions nationales conformes à leur génie et ils y demeurent fortement attachés. On en parle pourtant comme s'il s'agissait de tribus moscovites égarées qui seront heureuses, le jour venu, de rentrer dans le giron familial. En réalité, ils ont demandé la protection russe contre le Turc qui les opprimait ou contre l'Allemand ou le Magyar qui voulaient les absorber, tout comme demain ils demanderont la protection germanique contre le Russe, s'il menace leur liberté reconquise.

Le panslavisme, en tant qu'unification éventuelle du monde slave, est donc une chimère sans importance : il n'est un danger qu'en tant qu'il fournit à la Russie, pour le jour où la succession d'Autriche s'ouvrira définitivement, des motifs d'intervention dans toute la péninsule des Balkans et jusqu'au centre de l'Europe, Nous avons vu quelles seront pour l'Allemagne les conséquences de cet événement, et nous verrons en face de quelles alternatives il placera la Russie. Le rôle de la Hongrie est plus difficile à déterminer ; il dépendra, pour une large part, des circonstances ; mais il ne saurait être insignifiant. Pour être prêts à le remplir, il semble que les Magyars ne puissent mieux faire que de compléter fortement leur organisation intérieure, de resserrer les liens qui les unissent à l'Allemagne et de desserrer ceux qui les unissent à la Croatie. Ce serait là, pour eux, une politique d'avenir.

Une chose, en tout cas, est certaine : c'est qu'ici toute application du système fédéral donnerait des résultats désastreux. En théorie, cette solution des difficultés austro-hongroises est si séduisante que de bons esprits sont excusables de l'avoir prônée. Il suffit pourtant d'un coup d'œil donné à certains districts de la Transylvanie et de la Bukovine, par exemple, pour en faire toucher du doigt l'absolu néant…

Restent les Tchèques. Leur droit est éclatant, leur volonté manifeste. Ils doivent être les maîtres chez eux. C'est à l'Allemagne à le comprendre ; sa sécurité l'exige non moins que son bon renom ; ce serait au besoin à l'Europe à le lui rappeler et peut-être une neutralité garantie par l'accord des puissances constituerait-elle la meilleure solution ; toutefois, ne nous payons pas d'illusions. L'intervention européenne sera toujours tempérée par ce fait que presque de tous côtés les Tchèques sont entourés par l'Allemagne

II. — L'IMBROGLIO HONGROIS

ou ses alliés certains : fait regrettable, mais contre lequel on ne peut rien et qui place le royaume de saint Wenceslas dans une sorte de dépendance morale de ces Germains qu'imprudemment les princes de la dynastie Premysl appelaient jadis en Bohême pour perfectionner l'agriculture et développer l'industrie.

III. — LE PROBLÈME RUSSE

« Il n'y a sur la terre russe, écrivait Samarine en 1862, que deux forces vivantes : l'autocratie au sommet, la commune rurale en bas ; mais ces deux forces, au lieu d'être rattachées ensemble, sont, au contraire, séparées par toutes les couches intermédiaires. » On peut dire que le *Problème russe* tient tout entier dans cette constatation. Qu'en Russie le Tsar et le moujik représentent deux forces vivantes, nul n'en saurait douter. Que le contact de ces deux forces, s'il était réalisé, suffise à créer une organisation politique équilibrée et durable, cela n'est pas impossible. Telle est la thèse des slavophiles.[1] « Le peuple libre sous un Tsar omnipotent » constitue leur formule favorite et résume leur programme. Anxieux de ne rien emprunter à l'Occident, ils se persuadent que la civilisation slave tient en réserve une combinaison gouvernementale inédite, originale, permettant d'éluder les problèmes que Latins et Germains s'efforcent péniblement de résoudre. À condition d'écarter ce terme de Slave, qui, en l'espèce, n'a aucune signification, on doit admettre, qu'en effet le peuple russe possède des matériaux de construction assez particuliers, pour que l'architecture de son édifice politique ne rappelle qu'indirectement les monuments élevés par les autres peuples. Entre le *mir*, qui semble un produit spontané de la démocratie naturelle, et le trône où s'assied un souverain dont non seulement le droit, mais aussi le pouvoir revêt ce caractère divin, il existe des liens puissants qu'un long passé patriarcal a tissés et que le modernisme le plus savant ne dénouera qu'avec lenteur.

Seulement, suivant l'observation de Samarine, ces liens ont perdu toute flexibilité : la courroie de transmission ne fonctionne plus. La faute en est aux intermédiaires, c'est-à-dire à l'aristocratie et à la bourgeoisie qui sont en tout temps et en tout pays monarchique

---

1 Il importe de ne pas confondre les slavophiles avec les panslavistes.

les intermédiaires naturels entre le pouvoir et la démocratie. En Russie, on ne peut ni les utiliser ni les supprimer. Elles ont derrière elles une existence déjà longue et sont loin de représenter des quantités négligeables ; mais au point de vue gouvernemental, il n'y a rien à en attendre. La noblesse territoriale, à cet égard, a fait ses preuves. En vain Catherine lui conféra-t-elle, en 1785, d'exorbitants privilèges, tels que la nomination de presque tous les fonctionnaires locaux et jusqu'à un contrôle sur les gouverneurs des provinces ; en vain Alexandre II l'associa-t-il, dans une pensée pleine de sagesse, au grand acte de l'émancipation des serfs ; en vain, en créant les *zemtsvos*, ou assemblées provinciales (1864), lui réserva-t-il, avec la présidence de ces assemblées, le moyen d'y exercer une action prépondérante, — jamais la noblesse ne sut se prévaloir des avantages qui lui étaient concédés, ni profiter des occasions qui lui étaient offertes pour établir solidement son influence. Des tentatives plus récentes ont été faites en sa faveur ; l'empereur Nicolas II s'est préoccupé des moyens de relever sa situation économique ; son père, dans les dernières années de son règne, avait institué des *chefs de cantons*, fonctionnaires rétribués, à la fois administrateurs et juges, qui doivent être choisis parmi les propriétaires nobles et exercent sur les communes une sorte de tutelle — innovation dangereuse par parenthèse, puisqu'elle porte atteinte aux franchises communales. Mais la noblesse demeura ce qu'elle fut toujours, une isolée tirant sa force des faveurs du trône ou des lois de l'État et non de son propre organisme, ne pouvant, par conséquent, servir d'appui ni au trône ni à l'État. Si l'on fait exception pour le noyau très restreint des descendants de Rurik et des Jagellons, la plupart des nobles russes sont de sang étranger, Géorgiens, Grecs, Valaques, Lithuaniens, Polonais, Suédois, Allemands, ou bien ce sont des anoblis du *tchine*, ce mandarinat moscovite qui, de Pierre le Grand à Alexandre III, suffisait à conférer la noblesse héréditaire. À cette imperfection d'origine est venue s'ajouter l'action des coutumes testamentaires. La Russie est un pays de « partage égal ». Elle répugne au droit d'aînesse, et l'usage des majorats, malgré les encouragements donnés en haut lieu, n'a pu s'implanter sérieusement ; les biens se divisent, le titre appartient également à tous les fils. Sur ces grandes plaines uniformes d'ailleurs, la féodalité n'eut jamais prise et le « château » n'est ordinairement qu'une habitation toute moderne, reconstruite après maints incendies et pas toujours à la même place.

Pour qu'une aristocratie formée de la sorte pût jouer un rôle important, il faudrait à tout le moins qu'elle eût en face d'elle une royauté débonnaire et une démocratie à peine éveillée. Or, les conditions sont inverses : le Tsar est, pour ainsi dire, un despote obligatoire : Alexandre II et Alexandre III ont été souvent forcés de faire usage de leur autocratie dans des circonstances où d'abord ils avaient cru pouvoir s'en passer, tant l'habitude s'est établie de voir dans la puissance impériale le centre de toutes choses, le moteur unique. Quant à la démocratie, elle n'est pas endormie comme nous le verrons tout à l'heure. Prise entre ces deux « forces vivantes », la noblesse n'est pas plus capable de s'émanciper du joug de la première que d'imposer à la seconde sa domination morale ; elle continuera de refléter l'une et d'ignorer l'autre. La Cour restera son centre d'attraction, et les préséances, le but de ses désirs.

La bourgeoisie tient un rôle encore moindre. Si effacée qu'au premier abord on ne l'aperçoit point et qu'on est tenté de nier son existence, elle se complaît dans son effacement. Sur une des places de Moscou s'élève un monument qui rappelle une phase critique de l'histoire de Russie. Pendant l'interrègne qui suivit la mort des fils d'Ivan le Terrible et l'usurpation de Boris Godounof, un boucher de Nijni-Novgorod, Kosma Minine, souleva le peuple et l'appela à la délivrance de la patrie. Moscou était aux mains des Polonais, ils furent chassés ; on convoqua des sortes d'États-Généraux qui proclamèrent tsar Michel Romanof et se séparèrent aussitôt. Selon le mot d'un auteur russe : « Le peuple, ayant rétabli l'ordre et refait un tsar, donna sa démission. » Chez les bourgeois d'alors, la vacance du trône n'avait éveillé ni le goût ni le sens de la liberté. Tels ils étaient, tels ils sont encore. Peut-être la nécessité ferait-elle surgir parmi eux quelque nouveau Minine ; en tout cas, on les conçoit fort bien, pressés, leur besogne accomplie, de se décharger d'un lourd fardeau et renouvelant, au besoin, l'appel légendaire que leurs ancêtres adressaient à Rurik : « Notre pays est grand et riche, venez et régnez sur nous. » Cette incapacité qu'éprouve le Grand-Russien des classes moyennes à s'intéresser aux choses de la politique a toujours charmé les slavophiles ; on ne sait trop pourquoi ils s'en montrent si fiers, mais elle constitue, à coup sûr, une particularité du caractère national. La même indifférence et la même tendance à l'abstention ont marqué l'administration des villes par les corporations de marchands selon le système mis en vigueur par Catherine et supprimé en 1870 seulement ; sous le régime nouveau dans lequel la représentation est basée sur la propriété, l'enthousiasme n'est point né : en 1893, le gouvernement a dû compléter d'office le conseil municipal de Saint-Pétersbourg, que les électeurs ne parvenaient point à former. Le symptôme, d'ailleurs, le plus probant à cet égard, c'est l'absence de discussions politiques. En d'autres pays, plus la politique est frappée d'interdit, plus elle a d'attraits. Si les actes du pouvoir échappent au contrôle des citoyens, ils n'échappent point à leur critique. Mais en Russie, où pourtant les discussions particulières sont très libres, il semble que ce sujet n'offre point d'intérêt. Les universités ne sauraient modifier cette situation, car la bourgeoisie y est peu représentée et n'en subit pas l'influence. Si dans l'avenir elle s'éprend de quelque chose, ce sera de progrès matériel, de commerce, d'industrie, d'expansion et de richesse. C'est dans cette direction que déjà elle engage ses pas.

En somme, nobles et bourgeois ne sont pas sans utilité pour le pays : ils lui rendent des services ; ils aident à son administration comme à sa prospérité ; ce qu'ils ne peuvent pas faire, c'est d'aider à le gouverner. Mais serait-ce bien nécessaire ? Jusqu'ici on s'est passé de leur concours ; ne peut-on continuer ? À cette question, beaucoup de Russes et d'étrangers répondent affirmativement. C'est qu'à première vue, le tsarisme moderne fait assez bonne figure dans le monde ; il semble réaliser cet idéal de « despotisme éclairé » dont la France s'était éprise au début du règne de Napoléon III. On le voit porter partout la marque de sa sollicitude : il n'est pas, pour lui, d'insignifiants détails ; il conçoit et exécute de beaux desseins, tels que l'émancipation des serfs et tout récemment la Conférence de la Paix ; sa force repose sur l'affection constante de tous ; c'est un fait indéniable qu'en Russie la famille impériale est chérie plus encore que respectée par la grande masse de la nation. Il en était déjà ainsi quand l'empereur s'appelait Paul ou Nicolas Ier ; ce n'est pas le passage sur le trône d'un prince aussi vertueux qu'Alexandre III qui a pu affaiblir de tels sentiments. Tout cela est vrai, mais il est également vrai que toute une part de gouvernement se trouve — tant par la force des choses que par le rôle intéressé de certains fonctionnaires — soustraite au contrôle du tsar et que partout où ce contrôle fait défaut, la vénalité et la corruption ont libre carrière. En supposant même que par un effort presque surhumain on parvienne à extirper ces vices qu'une longue tradition a profondément enracinés, que pourrait-on contre la méfiance qui répond d'en haut à la confiance d'en bas ? Un pouvoir despotique est tenu d'être méfiant ; plus le pays est vaste, peuplé et actif, plus ses gouvernants sont incités à rendre la surveillance étroite. Il n'est pas indispensable que leur police soit sanguinaire comme le fut l'inquisition d'État créée par Pierre le Grand ; il est même superflu qu'il y en ait deux s'espionnant l'une l'autre comme le voulait Nicolas Ier ; mais elle n'en demeure pas moins la seule source de renseignements, l'unique sécurité.

De là, ces « façades » innombrables qui, dans les institutions russes, trompent à chaque instant le regard. On n'élève plus sur le passage du souverain, comme au temps de Catherine, des villages de carton peuplés de figurants et destinés à masquer le caractère inculte de la contrée et par suite le détournement des crédits affectés à son développement. Mais on n'a pas renoncé à simuler des réformes et à tourner habilement les difficultés qui pouvaient en résulter. Des lois de détail viennent amender la loi fondamentale qui reste seule en vue : ou bien on a recours aux « règlements temporaires » qui, sans modifier le principe du droit, en suspendent l'application. Certains délits sont soustraits « provisoirement » aux juridictions compétentes et déférés à des tribunaux d'exception : de toutes façons, les concessions accordées en bloc sont reprises une à une. Après cela, on peut se vanter que la peine de mort soit abolie (sauf en matière politique), qu'une partie de la magistrature soit élue, qu'il y ait un jury, ou que la presse soit relativement libre… — C'est exact en théorie et faux en pratique. L'instruction publique révèle des contradictions plus surprenantes encore. La méfiance, ici, est universelle et incessante. Un Russe a pu dire que dans son pays, tous les efforts du ministre de l'instruction publique étaient dirigés contre l'enseignement populaire. Ce n'était pas un paradoxe.

À vrai dire, aucun de ces abus n'est prémédité. La volonté de réformer, d'améliorer est sincère. On ne donne pas avec la pensée de retirer ensuite ; mais on retire parce qu'on ne peut pas faire autrement, parce que rien n'est prêt pour acclimater une liberté, si humble soit-elle ; parce que la méfiance est l'unique moyen de gouvernement, et la police, l'unique instrument. Et le mal ne fera qu'empirer. La population s'accroît, l'immigration étrangère aussi ; les chemins de fer, l'électricité, les applications de la science s'étendent ; tout cela comporte une activité intellectuelle, des changements sociaux, lents, mais certains, et contre lesquels aucune force humaine ne saurait lutter. En quoi pourrait s'en trouver facilité l'établissement de libertés qu'hier on jugeait dangereuses ? Demain, elles le seraient encore bien davantage. Le tsarisme ne se maintiendra qu'à grand renfort de surveillance occulte et de police secrète. Et très vite la limite sera atteinte : un pareil système est incompatible avec un pareil empire ; le maître est déjà débordé, ses conseillers ne tarderont pas à l'être aussi.

Pendant ce temps, la démocratie rurale est isolée ; ces fonctionnaires et ces politiciens dont le pouvoir ne peut se passer contribuent à le séparer d'elle, à accroître la densité des couches intermédiaires qui empêchent le Tsar et le moujik de se connaître et de se comprendre. On est étonné que la démocratie rurale soit si lente dans son évolution ; étant donné qu'elle sort d'une servitude de trois siècles, cet étonnement n'est pas de mise. Du reste, son avenir n'est guère indécis, tant les traits qui la distinguent sont déjà marqués. D'abord le nombre et l'uniformité ; les paysans représentent 85 p. c. de la population totale — chiffre énorme dont leur similitude accroît la signification ; ils sont partout les mêmes, à la fois réalistes et mystiques, absolus ou dissimulés, sachant souffrir patiemment et attendre indéfiniment. C'est en second lieu leur conception du pouvoir et de la propriété ; pour eux, le Tsar est tout-puissant, non pas en fait, mais (ce qui est plus grave) en droit. L'expropriation implicitement contenue dans l'acte d'émancipation de 1801 n'a pu, bien entendu, que les confirmer dans ce radicalisme. Tout le monde sait que beaucoup d'entre eux n'en furent pas satisfaits. « Petit père, disaient les délégués d'une commune à un seigneur, que les choses restent comme par le passé ; nous vous appartenons, mais la terre est à nous. » Cette offre est topique : *la terre est à eux !* Au fond, depuis trente neuf ans, ils n'en ont pas démordu ; il y a là une conviction qui se transformera, mais qui ne s'effacera pas. Une troisième caractéristique, c'est l'organisation de la commune, si robuste qu'elle a pu traverser intacte la haute période d'asservissement. « Il est peu d'États en Europe et en Amérique, a dit M. Leroy-Beaulieu, où la commune ait vis-à-vis du pouvoir central une telle autonomie ; il n'en est peut-être pas un où elle garde sur ses membres une telle puissance. » Toutes les fonctions y sont électives et salariées, le collectivisme y a posé plus d'un germe et, d'autre part, l'esprit de clocher n'y règne pas ; ils sont tous pareils, les clochers, sur la terre russe, et le moujik semble avoir gardé quelque chose de ces tendances nomades qui décidèrent jadis Féodor et Boris Godounof à le fixer au sol, afin qu'il n'échappe point, par ses constantes pérégrinations, au service et au fisc.

Il ne faudrait pas conclure de tout ceci que la commune russe menace de devenir un foyer révolutionnaire. Bien au contraire, les paysans répugnent à toute propagande anarchiste. Mais il n'en est pas moins vrai que « la Russie est le seul pays du monde où l'on pourrait supprimer la propriété par décret »,[1] et cela, ils s'en rendent compte ; ce seul fait est pernicieux pour l'ordre social. Il implique l'existence d'un malentendu très difficile à dissiper ; seigneurs et fonctionnaires s'y emploieraient en vain ; les paysans n'ont pas foi en eux. Le Tsar lui-même échouerait ; Alexandre III, s'adressant aux *starostes* (maires de village) réunis à Moscou à l'occasion de son couronnement, leur a dit loyalement que l'organisation de la propriété était définitive ; cette parole ne semble pas avoir fait sur eux la moindre impression. Serait-il prudent, d'ailleurs, de trop insister ? Le dogme de la toute-puissance impériale est pour beaucoup dans la stabilité du pays, et ce dogme comporte, aux yeux de ses sujets, la qualité de propriétaire universel attribuée au souverain.

On voit combien, étant données les circonstances, l'espoir des slavophiles est chimérique. Le contact entre le trône et la commune, l'appui mutuel que se prêteraient le Tsar et le moujik ne sont point réalisables. Il serait mille fois plus aisé de réunir la mer Noire à la mer Caspienne pour rendre à celle-ci son niveau que de tracer à travers la masse indécise des classes aisées le chemin qui irait du palais à l'isba. Pourtant, nous l'avons vu, le *statu quo* est impossible ; aujourd'hui, les réformes sont utiles ; demain, elles seront urgentes. Rien ne servirait d'en prendre la formule à l'étranger

1 A. Leroy-Beaulieu.

puisqu'on ne trouverait pas en Russie des éléments pour l'appliquer, mais il n'y a pas davantage à espérer faire jaillir du sol russe une formule nouvelle ; on s'en rend compte, d'ailleurs, jusque sur les bords de la Néva ; il faut bien reconnaître maintenant que les beaux projets conçus au lendemain de l'émancipation des serfs se sont évanouis comme des mirages sur la steppe.

Cependant le problème gouvernemental n'est pas insoluble ; il serait même près de trouver sa solution le jour où le Tsar voudrait se rappeler qu'il n'est pas seulement l'empereur des Grands-Russiens, mais qu'il règne aussi sur 20 millions de Petits Russiens, qu'il est souverain des provinces baltiques et de la Lithuanie, roi de Pologne et grand-duc de Finlande. Ses domaines, en effet, sont peu homogènes. L'énorme Moscovie qui en occupe le centre est comme encerclée dans une série d'États autonomes qui en diffèrent essentiellement ; mœurs et aspirations politiques, organisation sociale, croyances religieuses, coutumes successorales, régime de la propriété, tout est dissemblable. C'est dans ces divergences précisément que réside le secret de la politique future. On affiche à Pétersbourg des prétentions d'unité et d'uniformité qui constituent une façade de plus ; derrière cette architecture trompeuse, il n'y a, en réalité, ni unité ni uniformité. Si la Pologne, par exemple, est nominalement assimilée aux provinces de l'Empire, c'est à la condition d'être exclue du bénéfice de toutes les lois un peu libérales qui règlent le sort de ces provinces. L'Esthonie et la Livonie, peuplées d'Allemands, de Letto-Esthoniens et de Finnois, ont été l'objet de mesures d'exception très rigoureuses. Le privilège des assemblées provinciales, créées par Alexandre II, a été refusé non seulement à la Pologne et à la Lithuanie, mais à toute la Russie Blanche, à la Podolie et à la Volhynie ; par contre, on l'étendit aux Cosaques du Don qui pétitionnèrent ensuite auprès d'Alexandre III pour être débarrassés de ces gênantes institutions. Les Tatars de l'Est furent souvent mieux traités que les Roumains de Bessarabie.

Enfin, tout récemment, une audacieuse tentative a été dirigée contre les libertés finlandaises ; en admettant même qu'il n'y ait pas eu là une entorse au droit et à la foi jurée, la maladresse n'en subsisterait pas moins. Ce qu'on vient de faire, il faudra de toute nécessité le défaire ; les franchises et l'indépendance locales qu'on poursuit seront le salut de tout l'Empire. L'Empereur a cette chance

III. — LE PROBLÈME RUSSE

qu'aucune persécution n'a entamé la popularité de sa couronne chez les peuples mêmes qui en furent l'objet. Il semble qu'un peu de la philosophie résignée du moujik excusant le Tsar d'ignorer les abus dont il souffre, ait passé les frontières moscovites. Même en Pologne, ce sentiment existe ; la haine et le mépris s'arrêtent aux marches du trône. En vérité, il faudrait peu de chose pour faire d'Helsingfors, de Riga, de Varsovie des foyers d'ardent loyalisme ; le souverain n'y puiserait pas seulement des forces nouvelles pour tenir son sceptre, il y trouverait les moyens de gouvernement qui lui manquent. En rendant aux différentes portions de son empire leur vie propre, il réaliserait pour l'ensemble ces conditions d'équilibre, d'élasticité et d'émulation hors desquelles aucune prospérité n'est durable.

Car gouvernement et prospérité ne sont point séparables. Le mot du baron Louis : « Faites-moi de bonne politique et je vous ferai de bonnes finances », demeure éternellement vrai. La substitution d'une entreprise de progrès matériel — la mise en valeur de la Sibérie — à des luttes stériles d'influence religieuse ou militaire (œuvre à laquelle M. de Witte a génialement attaché son nom), ne saurait tenir lieu de réformes gouvernementales. L'autocratie russe n'en est pas moins une impasse. L'homme qui fait des affaires a besoin d'être libre tout comme celui qui lance des idées ; le passeport et la police, la censure et la bureaucratie sont des entraves dont ni l'un ni l'autre ne peuvent s'accommoder. Mais comment y échapper ? Nous venons de voir que la Russie elle-même n'en fournissait pas les moyens. Par bonheur, il y a des pays annexés moins robustes qu'elle, moins débordants de sève, mais infiniment plus souples et d'autant plus aptes à guider son émancipation qu'un tel avenir pour eux ne serait que la suite logique du passé, la reprise de leurs traditions les plus chères.

Peut-être un tel point de vue finirait-il par s'imposer de lui-même par le simple enchaînement des circonstances et la seule évidence des faits. Mais pour qu'il en soit ainsi, il faudrait qu'aucun événement extérieur ne vînt brusquer la situation, mettre le gouvernement russe en présence d'alternatives périlleuses et le contraindre à une décision immédiate. Or, la question polonaise peut surgir inopinément du fait de la Galicie et même contre son gré. Les Polonais de Galicie, qui sont plus de 3,500,000 et ont augmenté de 15 p. c.

entre 1880 et 1890, n'ont jamais dissimulé leurs espérances, et leur attitude vis à vis de l'Autriche n'a eu d'autre but que d'en préparer la réalisation. Dirigé par des hommes habiles et actifs, le parti polonais a su non seulement se faire écouter à Vienne, mais y prendre une influence considérable sur la marche des affaires. Ses membres se sont conduits en opportunistes, en « possibilistes », mais sans perdre de vue le résultat final, qui sera le rétablissement de la Pologne. Sans doute, ce rétablissement, ils l'ont rêvé complet, absolu. L'autonomie sans l'indépendance leur semblerait une duperie. Si demain, pourtant, la succession d'Autriche s'étant ouverte, le Tsar les conviait à se réunir à leurs frères pour vivre librement sous son sceptre, ils n'auraient pas le droit de refuser ; leur russophobie ne saurait prévaloir contre les intérêts manifestes de la patrie. Il y a parmi eux, d'ailleurs, plus d'un fin politique ; ceux-là ont dû, depuis longtemps, peser le pour et le contre ; et ils savent bien que la future Pologne aurait tout à perdre à se séparer de la Russie, tout à gagner dans le maintien de l'union.

Le grand écueil en cette affaire, c'est la coïncidence des deux événements : d'une part, la dislocation de l'Autriche qui posera la question polonaise ; de l'autre, une modification radicale du système politique russe, nécessaire pour la résoudre. Tout annonce que l'Autriche est près de sa fin, mais rien n'indique que la Russie se prépare à la réforme de son système, ni même qu'elle en aperçoive encore la nécessité. L'autocratisme, chez elle, ne fera point une brusque faillite ; il ira se compliquant, s'embarrassant de plus en plus dans ses propres vêtements. Peut-être cherchera-t-on à le soutenir par des diversions bruyantes au dehors. Le panslavisme formerait un facile prétexte. La Russie, à cet égard, a de dangereuses traditions. Du jour où Napoléon Ier après lui avoir offert sur le radeau du Niémen le partage du monde, s'est fait battre par elle, — lui, l'invincible ! — elle a pris le goût et l'habitude de l'intervention. Or, le panslavisme et l'orthodoxie colorent facilement ses interventions d'un reflet de croisade qui peut tromper l'Empereur lui-même et détourner la nation de sa véritable voie.

III. — LE PROBLÈME RUSSE

IV. — ESPRIT PUBLIC & NATIONALISME

Si bref que soit ce résumé — et nul, plus que l'auteur, n'en regrette l'aspect trop condensé et l'inévitable sécheresse — il suffit pourtant à établir les données caractéristiques de la « question d'Europe ». Elle a ceci de particulier et de nouveau que sa gravité ne réside pas dans les remaniements territoriaux, mais bien dans les évolutions gouvernementales qu'ils occasionnent. Nous ne sommes plus aux temps de la Paix de Westphalie ou des traités de Vienne ; et pourtant quelque chose se prépare qui paraît devoir y ressembler. Au centre de l'Europe sont réunis les éléments d'un dernier partage : seulement, ce partage est obligatoire ; l'ambition ni les calculs politiques n'y seront pour rien ; le double effort du XIXᵉ siècle vers le développement économique et vers l'affirmation des nationalités l'aura rendu nécessaire ; il s'opérerait au besoin de lui-même et la volonté des gouvernants ne pourrait jamais qu'en retarder l'exécution. Jusqu'ici pareil fait ne s'était point présenté dans l'histoire. Rien ne marque plus clairement le passage d'une phase de la civilisation à une autre, l'entrée en jeu de principes nouveaux, rien ne fait mieux pressentir les modifications profondes qui se préparent dans le droit international.

À cet égard, les philosophes du socialisme sont dans le vrai lorsqu'ils proclament l'avènement de la fatalité. Il n'est point certain que la fatalité entre dans leurs vues et réalise leurs prophéties, mais il est évident que son rôle gagne en importance à mesure que monte le flot démocratique. Les événements qui jadis dépendaient de l'intervention de quelques hommes, de leur travail réfléchi ou parfois de leur caprice, échappent aujourd'hui à qui prétend les conduire ; ils sont le résultat de forces collectives qui ressemblent à des fleuves ; on peut les canaliser, hausser ou baisser leur niveau, ralentir ou précipiter leur cours et, dans certains cas, les faire communiquer entre eux ; mais les ramener vers leurs sources ou les conduire d'une vallée dans une autre, est une impossibilité. Aussi les leaders modernes — qu'ils se nomment Cavour, Bismarck, Gladstone, Castelar ou Léon XIII — sont-ils des hommes dont le premier mérite a été de comprendre leur pays et leur époque, de se tenir en harmonie avec l'opinion, de se guider sur les grands courants qu'ils surent apercevoir ou deviner.

Pierre de Coubertin

La succession d'Autriche participe de ce caractère fatal. Si elle doit provoquer dans l'avenir la réunion de quelques congrès, leur action se trouvera forcément limitée : ils seront impuissants à en modifier l'ensemble. Guillaume II et Nicolas II n'ont plus, comme leurs ancêtres, la faculté de procéder à des échanges de territoires et de troquer leurs sujets. Ils ne peuvent s'offrir Koenigsberg à la place de Gracovie ou Prague au lieu de Munich ; ils ne peuvent arrêter dans leur développement logique les conséquences de Sadowa, ni décréter que les sentiments pangermaniques ne devront pas franchir l'Inn. Pour les mêmes raisons, François-Joseph n'a point de testament à rédiger ; il n'a rien à léguer. La géographie et l'ethnographie ont désigné d'avance la part de chacun de ses héritiers. Ce serait là, sans doute, un précieux gage de paix ; mais le malheur veut que ces parts d'héritage entraînent pour ceux qui les recueilleront de pénibles sacrifices et des changements redoutables. Si la France ou l'Espagne étaient forcées de prévoir la nécessité éventuelle de l'annexion de la Belgique et du Portugal et que ces annexions dussent avoir pour conséquence de porter au pouvoir ici les collectivistes et là les césariens, l'opinion, à Paris et à Madrid, aurait le droit de s'émouvoir. Sous bien des rapports on peut à Budapest, à Berlin et à Pétersbourg, nourrir des appréhensions analogues. La crise détruira l'équilibre gouvernemental actuel : il faudra le rétablir aussitôt sur d'autres bases, au milieu peut-être de circonstances adverses, d'effervescences sociales, de désordres imprévus. La perspective n'a rien de séduisant. Sans doute, le défilé franchi, les horizons deviendront plus clairs et plus vastes ; l'Allemagne ayant réalisé une situation géographique admirable, la Russie étant sortie de son impasse politique, la Hongrie libérée des liens qui l'entravent, n'auraient rien à regretter du passé ; mais, ce défilé, il faut le franchir, et de quels écueils n'est-il pas semé ! Encore une fois, l'Allemagne peut-elle s'émanciper du préceptorat prussien et la Russie échapper à l'autocratisme absolu, sans en être, l'une et l'autre, remuées jusqu'en leurs fondements ? Évidemment non.

C'est là ce qui, dans cette question de l'Europe centrale, donne une si haute portée aux éléments moraux. Elle comporte des principes adverses, des germes inéluctables d'oppositions, mais non pas nécessairement des causes de conflits armés. On peut dire que la paix ou la guerre en sortiront, selon ce que vaudra l'esprit public.

IV. — ESPRIT PUBLIC & NATIONALISME

L'esprit public est une grande puissance dont l'action se fait sentir là même où on lui refuse des moyens réguliers de s'exprimer ; de plus en plus il interviendra dans toutes les querelles, sans souci des frontières. Il importe donc de préciser maintenant ses allures et ses tendances dans l'Europe continentale, afin de déterminer ensuite en quel sens les sociétés anglo-saxonnes paraissent devoir l'influencer.

Les bases de l'esprit public dans le monde moderne sont l'enseignement, la presse et la religion. C'est par l'enseignement et la presse que l'opinion peut arriver à la connaissance des faits sociaux ; la religion doit lui apprendre à les juger avec bienveillance. La connaissance de la vérité et la bienveillance du jugement, n'est-ce pas là l'idéal supérieur de l'esprit public ? Il est évident que nous sommes loin, bien loin d'un tel idéal : certains événements donnent même l'impression d'un recul, d'une sorte de faillite morale. Ni l'enseignement, ni la presse, ni même la religion ne sont, à l'heure actuelle, à la hauteur de leur mission. Aux nations comme aux individus, la crainte et l'intérêt tiennent trop souvent lieu de sagesse. L'erreur et la malveillance dominent. Pourtant il ne faut pas désespérer. Avant que de s'abandonner au pessimisme, il convient de rechercher les causes de cet état de choses pour savoir si elles sont fondamentales ou accessoires, définitives ou passagères.

En ce qui concerne l'enseignement, la civilisation se trouve dans une situation transitoire. Le savoir pour l'élite et l'ignorance pour la masse était le système d'hier : le savoir pour tous sera la formule de demain. Nous sommes à mi-route. Or, rien n'est dangereux et troublant comme le demi-savoir. D'autant que la culture ainsi répandue est principalement scientifique. La prédominance des sciences exactes, de notre temps, s'explique par plusieurs raisons : d'abord le prestige que leur assurent des progrès rapides et d'étonnantes découvertes ; puis l'intérêt plus immédiat qui s'en dégage et leur utilité au point de vue des applications politiques ; enfin, la faculté d'en doser plus aisément l'acquisition selon les moyens des élèves et le temps dont ils disposent. La philosophie présente précisément les caractères inverses ; elle s'est égarée dans un labyrinthe de complications, son utilité ne s'impose qu'à la réflexion et loin de se résoudre en vérités indiscutables, il n'est presque pas un point sur lequel elle ne donne naissance à des controverses sans fin. Quant à l'histoire, en outre de l'extrême diffi culté qu'éprouvent ceux qui l'écrivent à se soustraire aux préjugés héréditaires et à redresser les déformations habituelles du rayon visuel national, la façon dont on l'enseigne en fausse les proportions. Il est convenu qu'on doit posséder sur son propre pays toutes sortes de détails qu'il est superflu de connaître lorsqu'il s'agit des autres pays. Comment, dès lors, assigner à chaque peuple sa place véritable dans l'histoire ? Comment apprécier d'une façon équitable sa part dans l'œuvre collective ? Pour connaître les dimensions réelles d'un objet lointain par rapport à un objet rapproché, il faut non seulement de la réflexion, mais de l'expérience, et les plus exercés se trompent encore sur la distance. Tel est pourtant le travail sous-entendu auquel seraient astreints, dans la plupart des cas, ceux qui reçoivent un enseignement historique, travail qu'ils n'entreprennent point, puisqu'ils n'en ont même pas les moyens.

Pour tous ces motifs, le mouvement scientifique n'a pas eu jusqu'ici sur l'esprit public européen l'heureuse influence qu'on pouvait en attendre. Il s'est même produit un phénomène singulier. L'opinion moyenne a échappé à l'élite qui l'avait guidée jusqu'alors. Elle s'est sentie assez instruite pour s'émanciper, pour juger par elle-même ; elle a appliqué à la vie sociale les méthodes rigoureuses et les raisonnements mathématiques auxquels on venait de l'initier, toute fière d'en faire usage. Elle a montré cette certitude déconcertante, cette assurance sans répliques de l'adolescent qui croit que le monde finit là où s'arrête son regard. Tout cela est fâcheux sans être anormal. Le niveau se rétablira plus ou moins vite, mais il se rétablira toujours. Au naïf orgueil du jeune bachelier succédera l'hésitation prudente du candidat à l'agrégation, déjà habitué aux aspects variés d'un même problème.

Ce jour-là, la question de la presse aura fait un grand pas. La presse et l'enseignement se tiennent de près. Les défauts et les lacunes de l'une se reflètent dans toutes les manifestations de l'autre. L'un ne peut s'élever sans que l'autre monte aussi, et il est bien difficile que là où la presse est captive, la science soit tout à fait libre. Il y a toutefois un mal auquel la presse est seule sujette : c'est la vénalité. Peut-être le public, volontiers ingrat quand il s'agit d'une institution qui lui rend de tels services, s'en exagère-t-il les ravages ; il y a, somme toute, dans le monde du journalisme européen, plus d'honnêteté que ne le croient abonnés et lecteurs. La vénalité provenait jusqu'à présent de deux causes principales : d'abord la situation précaire d'un grand nombre de journalistes plus ou moins besogneux et obligés de vivre au jour le jour. La presse est encore à ses débuts ; l'Europe a souri en apprenant qu'une université américaine s'était annexé une école de journalisme ; avant 1950, toutes les universités d'Europe en auront fait autant ; mais aujourd'hui la presse n'est pas encore classée comme carrière ; on n'admet pas que des connaissances spéciales soient nécessaires pour y réussir ; aussi sert-elle de refuge à une quantité de fruits secs et de déséquilibrés ; des feuilles se fondent qui ne prolongent leur existence qu'à l'aide de subterfuges inavouables. Tout cela est éminemment favorable aux progrès du mal. Une seconde cause, ce sont les mœurs financières. Les hommes d'affaires les moins véreux manquent parfois de scrupules lorsqu'il s'agit d'attirer des capitaux pour créer ou soutenir une entreprise. L'honnête réclame qui ne se cache pas ou se dissimule joyeusement derrière un jeu de mots ne convient point à un aussi grave sujet qu'un placement d'argent. Alors on prend des chemins détournés qui côtoient plus ou moins l'indélicatesse ; pour cela, il faut le concours de la presse, et on se le dispute à prix d'or.

Dussé-je être taxé d'optimisme exagéré, je n'hésiterai pas à dire que, pour moi, ces deux causes de vénalité sont passagères : à mesure que se fera l'éducation du public, le niveau intellectuel et moral de la presse ira se relevant et son rôle financier perdra de l'importance. Aussi bien le danger n'est-il pas là ; il est dans une troisième source de corruption qui vient d'apparaître. Nous avons vu naître et se développer depuis peu d'années ce qu'on pourrait appeler la vénalité officielle ; ce ne sont plus des particuliers, ce sont des gouvernements qui ont osé propager l'erreur ou barrer la route à la vérité. Ils y sont parvenus. Le silence qui s'est fait sur les massacres d'Arménie est un symptôme effrayant. Sans doute, il s'agissait de la Turquie, mais l'exemple a néanmoins porté à travers toute l'Europe. Dans beaucoup de pays, on accordait aux journaux des subventions prises sur les fonds secrets et destinées à les rendre favorables à la politique gouvernementale. Ces subventions ont changé d'objet : au lieu de porter sur un ensemble un peu vague, elles portent sur des points précis ; ainsi spécialisées, elles sont devenues mille fois plus dangereuses. La guerre greco-turque, la guerre hispano-américaine ont donné lieu à des « campagnes » tendancieuses, systématiques ; en même temps des dépêches, des correspondances ont été tronquées et parfois falsifiées. Tout ceci est une conséquence d'un phénomène plus général qu'il faut signaler : l'habitude du mensonge. Dans la société européenne actuelle, on ment effroyablement. Sur beaucoup de points, l'individualité humaine est en progrès et son perfectionnement s'affirme ; sur celui-là, le recul est marqué. On oublie d'enseigner aux enfants le culte de la vérité, on oublie de le rappeler à leurs maîtres, de l'exiger des fonctionnaires, d'en faire la base de toute prédication et de toute autorité.

Un troisième élément entre, avons-nous dit, dans la formation de l'esprit public : la religion. À l'heure actuelle, dans presque toutes les religions d'Europe se manifeste un double courant contradictoire. D'une part, le sentiment s'épure et s'élargit ; de l'autre, les cadres et les idées se resserrent. La religion se nationalise, devient une étiquette recouvrant quelque chose d'ici-bas, quelque chose d'éminemment temporel. Par calcul ou par impulsion, des citoyens qui sont, au fond, indifférents ou incrédules, se groupent sous sa bannière, tandis que vivent en dehors d'elle, en apparence, des hommes qui professent et mettent en pratique les principes sur lesquels, à l'origine, se basaient ses doctrines. Un dénombrement des différentes confessions donnerait des résultats fort inexacts : beaucoup de ceux qui ne pratiquent pas sont des croyants, tandis que beaucoup de ceux qui ont l'air de pratiquer ne s'embarrassent ou ne s'inquiètent, en réalité, d'aucune croyance. Seulement les premiers sont des isolés et des silencieux ; les seconds se groupent avec éclat et témoignent d'un zèle d'autant plus bruyant qu'il est moins sincère. Leur action est donc puissante et effective. L'esprit de paix et de charité n'y trouve guère son compte ; l'intolérance, au contraire, y trouve le sien, une intolérance nouvelle qui ne naît point du dogme, mais d'idées politiques et d'intérêts auxquels le dogme sert de déguisement.

Ainsi les défauts que nous relevons à la charge de l'enseignement, de la presse et de la religion sont graves, mais ce ne sont pas des défauts essentiels, incorrigibles ; bien plus, il semble qu'ils puissent se corriger d'eux-mêmes par le simple jeu de l'évolution, car nous avons noté des germes d'amélioration que le temps doit suffire à

développer. Une autre constatation rassurante, c'est que ces défauts
sont inégalement répandus en Europe. Les petits pays en sont beaucoup plus indemnes que les grands. Or, ce sont ceux précisément
où l'esprit public est le mieux formé et le nationalisme le moins en
vogue ; le lien entre les deux phénomènes est donc évident ; il y a là
un rapprochement curieux qui prête à des réflexions suggestives.

Prenons, par exemple, la Suisse, la Hollande, la Suède, le Danemark, la Grèce… Ce ne sont pas les questions troublantes qui font
défaut. La Suède a son conflit avec la Norwège ; la Suisse, sa lutte
entre le centralisme et le fédéralisme ; la Hollande gouverne un
vaste empire colonial ; le Danemark a été démembré ; la Grèce
fut constituée sans recevoir une dot suffisante. Tous ces peuples
pourraient souffrir de leur déchéance relative et en concevoir
de l'amertume. Les Grecs ne peuvent oublier qu'ils possédèrent
Gonstantinople, ni les Suédois que toutes les rives de la Baltique
furent à eux ; les Danois formèrent jadis un grand royaume ; les
Suisses et les Hollandais, s'ils n'ont guère perdu de territoires, ont
vu diminuer leur influence et s'amoindrir leur rôle international.
Les uns et les autres pourraient se montrer intolérants en matière
religieuse. La Suisse, à cet égard, a des traditions orageuses ; les Suédois sont passionnément luthériens ; les Grecs ont contracté une
dette d'infinie reconnaissance envers l'orthodoxie qui, pendant les
siècles d'esclavage, entretint parmi eux le culte de la patrie ; la majorité des Hollandais auraient le droit d'envisager avec inquiétude
les progrès sur leur sol du catholicisme, peu conforme au génie de
leur race. Ce sont là, semble-t-il, des conditions propres à éveiller
des jalousies, à entretenir des rancunes, à légitimer certaines étroi-
tesses en même temps qu'à faire naître des ambitions d'autant plus
âpres qu'elles sont moins avouées. Or, de quoi le nationalisme est-il
fait, sinon d'ambition, d'étroitesse, de rancune et de jalousie ?

Eh bien ! non. Ces petits pays y échappent. Ils se gouvernent avec
une sagesse que devraient imiter bien des grands États. Leur patriotisme ne se répand pas en vaines paroles : il est discret, mais
agissant. Certains d'entre eux, comme la Hollande et la Suède,
donnent une impression de solidité morale, d'harmonieux équilibre que, nulle part ailleurs, on ne ressent à un pareil degré. Avec de
moindres ressources, il leur arrive d'éluder ou de résoudre nombre
de problèmes dont les lourdes administrations de leurs puissants

voisins ne peuvent venir à bout. Le progrès, chez eux, s'opère en détail, avec plus de modestie, mais plus de sûreté, et ils savent, à l'occasion, se montrer fiers et ne point reculer devant l'opportunité d'une initiative hardie. Ils ont l'esprit national à l'état de santé, non à l'état morbide. Les grandes puissances, au contraire, sont devenues la proie du nationalisme. Nous avons noté au passage les formes variées sous lesquelles il s'y manifeste. En Allemagne, c'est le culte inconscient du Jéhovah germanique, la croyance en une mission providentielle dévolue à la race. En Russie, ce sont les rêves, un peu vagues, mais grandioses, des slavophiles et des panslavistes. En Hongrie, c'est l'orgueil magyar avivé par une lutte interminable et par une victoire chèrement achetée. En Italie, c'est la mégalomanie que de dures expériences n'ont pas suffi à décourager. La nation la plus atteinte est encore la France. La vanité y revêt un caractère tout particulier. Nombre de Français, même des plus cultivés, croient à l'existence d'une sorte de franc-maçonnerie universelle dirigée contre leur pays et disposant de sommes énormes qu'elle emploierait naïvement à corrompre leurs compatriotes. Pareille démence est presque sans précédent dans l'histoire.

Cette poussée du nationalisme paraît d'autant plus extraordinaire que, loin d'avoir à se plaindre, toutes les grandes puissances ont grandi et prospéré depuis 50 ans. L'Allemagne et l'Italie ont atteint, avec une rapidité inespérée, le but de leurs efforts ; la Russie a recouvré ce qu'on lui avait pris en Orient, rétabli son prestige en Europe et réalisé, en Asie, d'énormes avances matérielles. La Hongrie n'a qu'à regarder en arrière pour mesurer ce qu'elle a gagné. La France, enfin, a non seulement trouvé sous la République la stabilité gouvernementale vainement cherchée depuis près d'un siècle, mais elle s'est taillé, sans trop de frais ni de labeur, un empire colonial dont elle oublie souvent d'admirer les dimensions et la richesse ; et ces résultats, elle les a obtenus au lendemain d'une guerre qui lui enlevait deux provinces et semblait devoir la ruiner. L'Espagne seule fait exception. Encore que la patrie de Canovas, de Sagasta et de l'illustre Castelar puisse revendiquer le gain moral du quart de siècle qui vient de s'écouler pour elle, sous la royauté d'Alphonse XII et la régence de sa noble veuve, la perte de ses colonies l'a cruellement éprouvée. Or, chose étrange, c'est peut-être elle la moins nationaliste de toutes. Le nationalisme serait-il donc un produit du succès, un appétit vulgaire venu en mangeant, une manière d'intoxication brutale poussant les nations du gain légitime à l'excès et de l'excès à la folie ? S'il en était ainsi, c'est dans le plateau de la guerre que tomberait l'épée anglo-saxonne, et le monde serait voué, pour une période du moins, à toutes les tristesses et à tous les dangers de la violence sans scrupules.

Mais il n'en est pas ainsi. Le nationalisme est simplement une conséquence de l'imperfection et du revirement de l'esprit public. Si les petits pays paraissent épargnés par la contagion, c'est que l'enseignement y est plus éclectique, la presse plus indépendante, la religion plus désintéressée. Quelque unanimes que soient ses sujets dans leur attachement à la foi protestante, Oscar II ne se sent pas comme Guillaume II (dont pourtant le royaume n'a pas la même unité de croyances) le chef de l'Évangélisme ; sa souveraineté temporelle ne se double pas d'une souveraineté spirituelle. En Grèce, le culte orthodoxe n'est pas, comme en Russie, un instrument de domination et d'expansion ; et jamais la Hollande n'a eu à se préoccuper aux Indes des obligations qui, en Orient et en Extrême-Orient, incombent à la France en qualité de fille aînée de l'Église. En ce qui concerne l'enseignement, les oppositions sont encore plus marquées. Ce n'est pas seulement l'obligation d'apprendre plusieurs langues qui élargit, dans la plupart des petits pays, l'horizon intellectuel, c'est le fait de s'assimiler, avec les éléments d'un langage, les bases d'une littérature, des modes de culture différents, des points de vue nouveaux ; c'est surtout la possibilité d'étudier les annales du pays à leur vraie place et dans leurs justes proportions, sans grossissements et sans déformations. Avec la meilleure volonté du monde, on ne peut faire de la Suisse ou du Danemark le centre de la civilisation, tandis que les petits Allemands et les petits Français sont habitués à considérer leurs patries respectives comme le foyer de toute lumière, la source de tout progrès et à croire que l'Univers n'a vécu et ne s'est amélioré que grâce à leur génie. Ces tendances à l'éclectisme et à la tolérance ont leur contrecoup sur la presse. Il y a telles exagérations des gazettes allemandes, telles rodomontades des feuilles françaises (et je ne parle que des journaux sérieux) dont à Amsterdam ou à Stockholm on n'oserait pas s'inspirer. Le public y est plus exigeant parce qu'il n'est pas myope. La myopie est une des caractéristiques de l'opinion dans les grands pays. La presse a un dernier avantage : elle est moins exposée aux tentations. Son concours n'a pas autant d'importance ; on n'est pas disposé à d'aussi gros sacrifices pour se l'assurer.

En tout ceci, nous n'avons pas parlé de l'Angleterre, comme si elle ne faisait pas partie du système européen. C'est qu'en effet elle s'en est détachée de plus en plus au profit de ce système anglo-saxon qu'elle a créé et qui la domine aujourd'hui. Il nous reste à en examiner brièvement les traits fondamentaux au point de vue du contact avec l'Europe et ce qui peut en résulter pour elle de bon ou de mauvais.

V. — LE MONDE ANGLO-SAXON

Pour comprendre le vertige qui s'est emparé de l'Angleterre depuis quelques années — car telle est bien la forme qu'a revêtue chez elle le nationalisme — il faut se représenter l'extase en laquelle tomberait un architecte qui aurait construit inconsciemment un chef-d'œuvre et s'en apercevrait tout à coup. L'Empire britannique est un chef-d'œuvre.

On peut, certes, admirer son étendue et sa prospérité. Pourtant, si grandes soient-elles, il y a quelque chose de plus étonnant, c'est son unité. Il semble qu'aucune entreprise n'eût dû donner des résultats plus disparates. Celle-ci fut conduite sans aucun plan d'ensemble, le plus souvent par les seules forces de l'initiative privée et dans les conditions les plus contradictoires. En vain les théoriciens se complaisent-ils à étiqueter les colonies anglaises, à les cataloguer, à les ranger sous diverses rubriques. De tels classements sont inexacts ou fictifs. La présence antérieure des Français dans le nord de l'Amérique et des Hollandais au sud de l'Afrique ne constitue pas un motif suffisant d'assimiler le Canada au Cap. La comparaison entre deux antiques civilisations ne fait pas que l'œuvre accomplie dans l'Inde ait le moindre rapport avec celle qui se poursuit actuellement en Égypte ; la formation politique de l'Australie est unique en son genre ; la création de Hong-Kong l'est également. Partout les institutions et les procédés de gouvernement sont dissemblables, autant que le sol ou le climat.

Et malgré cela l'unité a été réalisée, l'unité la plus rare, la plus précieuse et aussi la plus imprévue de toutes : l'unité *morale*. D'un bout à l'autre de cet immense empire « sur lequel le soleil ne se couche pas », des hommes qui ne sont pas tous du même sang et qui n'appartiennent pas à la même religion, vivent pourtant la même vie morale, ont de l'existence la même conception, conçoivent le devoir sous les mêmes traits, regardent le destin sous le même angle ! Aucune force n'est comparable à celle que dégage une telle entente. La puissance romaine, à un certain moment, parut près d'y atteindre, mais son organisation obstinément aristocratique constituait une infériorité : l'Empire britannique a l'avantage d'être une démocratie. La force des idées qui forment sa base est multipliée par le nombre énorme des citoyens qui le peuplent.[1]

Cette supériorité enviable fut lente à se révéler. Les Anglais eux-mêmes longtemps l'ignorèrent. Ils n'avaient pas conscience de la transformation radicale par laquelle ils avaient passé entre 1830 et 1840, transformation d'origine modeste, d'allure discrète, propagée par l'éducation sous le couvert de la religion, accomplie au fond des cœurs et des instincts sans que les aspects extérieurs en parussent modifiés ou renouvelés. Et surtout la leçon du siècle dernier pesait sur eux. Tout en regrettant les fautes commises, ils demeuraient convaincus qu'ils s'étaient bornés, en les commettant, à précipiter un dénouement inévitable. Personne ne doutait que l'Australie ne dût, fatalement, imiter l'exemple des États-Unis, ni que le Canada ne fût condamné à être absorbé tôt ou tard par la grande république américaine. Cette conviction était partagée, d'ailleurs, par l'Europe entière. Historiens et économistes proclamaient à l'envi que la sécession d'avec la mère-patrie d'une colonie parvenue à maturité s'opère en vertu d'une loi historique ou économique aussi inéluctable que celle qui fait tomber de l'arbre un fruit mûr. Il en résultait en Angleterre une certaine mélancolie dans la façon d'envisager l'avenir de toutes ces communautés vouées à l'ingratitude obligatoire. Certes, on ne s'en désintéressait pas, on suivait avec une joie sincère et une légitime fierté leurs progrès étonnants, leurs succès rapides, mais on se résignait à n'en point partager le profit, on renonçait d'avance à toute participation aux bénéfices futurs, on s'entraînait pour ainsi dire dans la résolution d'accepter sans

---

1 Voir *A French View of the British Empire* dans la *Fornightly Review*.

résistance, le grand jour venu, les rigueurs du destin, de lui sourire même, afin d'ôter à la séparation les apparences d'une brouille. On entendait se réserver pour disputer à la Russie la possession de l'Inde, lutte que des prophètes, très en vogue en ce temps-là, proclamaient inévitable et dont la perspective ne laissait pas d'assombrir l'horizon britannique. En vain quelques hommes clairvoyants s'efforçaient-ils de remonter le courant ; timidement, comme inquiets de leur audace, ils rappelaient que les temps avaient changé, les circonstances aussi, ils indiquaient les nombreuses raisons qu'avaient les colonies de souhaiter le maintien de l'union, ils expliquaient la possibilité de mettre d'accord leurs intérêts économiques avec ceux de la métropole. On les traitait d'utopistes, et leurs exposés de divagations et de songes creux.

Je me souviens d'avoir suivi de près les humbles débuts de l'*Imperial Federation League*. Lord Rosebery la présidait avec cette sorte de désinvolture, qui implique une médiocre confiance dans l'avenir d'une œuvre et le souci de ne point trop se compromettre en la patronnant. Peu de bruit se faisait autour de ses réunions et de ses publications, pourtant fort intéressantes ; on s'en moquait à l'étranger, et les Anglais n'étaient pas éloignés d'en faire autant. Cette belle indifférence était pour moi le sujet d'un perpétuel étonnement. Je me demandais si l'Angleterre ne finirait pas par user elle-même les liens qui l'unissaient à ses colonies, à force d'en proclamer la faiblesse et d'en annoncer la rupture. Tout cela changea brusquement. Peu d'années suffirent à un complet renversement des idées et des sentiments. Cette évolution colossale tint tout entière entre les deux jubilés de la Reine. Celui de 1887 fut tout européen ; les princes du continent saluaient leur doyenne. Les souverains ou leurs héritiers l'accompagnèrent à Westminster, lui formant le plus brillant, mais aussi le plus international des cortèges. Au milieu de toute cette pompe, les représentants des colonies semblaient égarés : seuls, les princes indiens, grâce à leur physionomie exotique et à leurs riches costumes, attiraient quelque attention. Quand le prince de Galles posa la première pierre de l'Institut impérial, cette cérémonie parut n'avoir aucun sens aux yeux des assistants ; on plaisanta même une fondation dont on ne comprenait ni le but ni la portée. Les fêtes, cependant, donnèrent lieu à toutes sortes d'enquêtes rétrospectives. On se prit à jeter un regard d'admiration

V. — LE MONDE ANGLO-SAXON

sur ce long règne que l'opinion qualifiait déjà de « Victorian Era ». On en dressa le bilan, et dans ce bilan les colonies occupèrent tout de suite la première place. Rien que la liste des territoires acquis depuis cinquante ans avait une ampleur significative. Que dire des budgets, des statistiques, du mouvement des ports, de la population, des chemins de fer ?... Les chiffres prenaient une éloquence terrible, grisante. Vit-on jamais succès pareils ? Et tout cela, en somme, avait coûté peu de sang. Presque partout la charrue avait été l'instrument pacifique de la conquête. Là où il avait fallu se battre, l'armée anglaise avait suffi, armée de métier composée de volontaires et accomplissant avec ses ressources restreintes ce que d'autres pays, pourvus par la conscription de troupes trois fois plus nombreuses, n'auraient même pas osé entreprendre. Et derrière cette conquête venaient l'ordre, la justice, l'amélioration du sol, l'augmentation du bien-être, bienfaits que les populations indigènes les plus réfractaires au joug anglais s'empressaient de reconnaître et d'attester.

Ce n'est pas seulement à Londres que l'on jugeait les choses ainsi. À Montréal, à Auckland, à Sydney, à Melbourne, au Cap, le point de vue était le même. Les hommages que l'étranger avait rendus à la souveraine sous les voûtes de sa vieille cathédrale, avaient été pour ses sujets lointains une leçon de choses. Conviés par la solennité des circonstances à un retour vers eux-mêmes, ils s'étaient sentis unis dans une même émotion patriotique ; ils avaient célébré leur origine commune et maintenant un avenir nouveau se révélait à eux. Pourquoi donc se séparer quand on venait, de concert, d'accomplir une œuvre sans précédent, de créer une puissance sans pareille ? Et dix ans s'étant passés, la Reine de nouveau traversa Londres pour aller rendre grâces à Dieu qui lui avait permis de régner près de deux tiers de siècle. Combien différent du premier fut ce deuxième jubilé ! L'Europe, cette fois, tint un rôle effacé et tous les honneurs, tous les enivrements de la popularité furent pour les représentants des gouvernements coloniaux et pour les troupes aux pittoresques uniformes venues des antipodes. Les acclamations qui saluaient ces soldats et ces premiers ministres d'États souverains — ils le sont de fait, sinon de droit — avaient une signification sur laquelle on ne saurait trop méditer. Elles proclamaient l'accomplissement d'une révolution dont l'influence sur le monde ne sera pas

moindre que celle des événements mémorables dont la France de
1789 et l'Allemagne de 1870 ont été le théâtre. Elles consacraient
l'avènement de la Confédération anglo-saxonne. Et c'est avec celle-
ci que désormais le monde doit compter.

M. de Beust disait jadis : « Je ne vois plus l'Europe ». Si Gladstone
vivait encore, il aurait le droit de dire : « Je ne vois plus l'Angleterre ». Où est-elle, en effet, son Angleterre, celle qui donnait les
îles Ioniennes à la Grèce et rendait la liberté au Transvaal, celle
pour laquelle il rêvait l'honneur de transformer la vie morale de
l'univers, celle dont il voulait faire le champion de la justice et du
droit ? Quand il est mort, elle s'est inclinée, fière de lui, devant son
cercueil et l'a enseveli à Westminster, parmi les rois, mais aussitôt
elle a tourné le dos à sa tombe. Elle n'est plus libre. Son armée et
sa marine ont mission désormais d'exécuter les plans grandioses
que conçoit un Cecil Rhodes et que chante un Rudyard Kipling.
Et pourquoi s'en défendrait-elle ? Elle a le vertige. L'œuvre qu'elle a
accomplie est trop belle, trop vaste, trop unique ; elle ne peut plus
se contenir et, dans cette œuvre, elle adore la force de son propre
génie.

Ce génie, d'ailleurs, elle le retrouve dans une œuvre antérieure,
accomplie inconsciemment, méconnue, puis comprise enfin et
admirée. Les États-Unis ne sont-ils pas issus de son sang et les
voici qui, à la même heure, changent de voie, eux aussi, grisés
comme elle par le brusque éblouissement de destins longtemps
inaperçus ? Nous autres, gens d'Europe, nous avons fait preuve
dans nos jugements sur l'Amérique d'une légèreté et d'une sottise
sans égales. À quoi sert l'étude des siècles passés si elle ne nous
apprend pas que la richesse n'a jamais suffi à un peuple, qu'une
nation ne peut vivre de progrès matériel, sans idéal et sans gloire ?
Pénétrés de cette vérité, nous eussions aperçu, à travers l'enveloppe
mercantile de la civilisation transatlantique, le travail de formation morale, intense et ininterrompu depuis le premier jour. Or,
ce travail s'accomplit dans le sens des origines anglo-saxonnes ou
bien il en diverge ; de là son extrême importance pour tout l'Univers. Nous avons cru qu'il divergeait. Un reste d'aigreur dans les
relations, quelques échanges de mauvais procédés, certains traits
originaux que l'amour-propre des Américains met en relief volontiers, ont suffi à nous le faire croire. Mais, si même il y avait eu là

V. — LE MONDE ANGLO-SAXON

des indices probants d'une animosité durable ou d'une antinomie notoire, nous n'aurions pas été en droit d'en conclure, comme nous l'avons fait, à l'impossibilité d'un rapprochement entre les deux pays. L'Empire britannique ne se compose pas des seuls Anglais ; il comprend encore des Écossais et des Irlandais contre lesquels les Américains n'ont point de griefs, et puis tous ces peuples nouveaux, Canadiens, Australiens, Zélandais, Sud-Africains qui leur ressemblent par tant de côtés et pour lesquels ils n'éprouvent que de la sympathie. Il y eut là une querelle de famille dont le souvenir va s'éteignant ; avec les vieux parents qui l'ont provoquée on demeure un peu sur la défensive ; avec les jeunes cousins qui n'y eurent aucune responsabilité on s'empresse de rétablir des rapports affectueux et confiants.

C'est ainsi que les États-Unis sont entrés dans la Confédération anglo-saxonne : étrange confédération qui n'a pas de formule légale, qu'aucun homme d'État n'a voulue, qu'aucun traité n'a consacrée, qui ne repose même pas sur une solidarité absolue d'intérêts et qui non seulement s'est créée et se fortifie, mais vibre à l'unisson en toutes circonstances, même lorsqu'il s'agit de s'entêter, aux Philippines, dans une folie, ou de perpétrer, au Transvaal, un crime politique ; confédération elliptique dont la puissance et l'élasticité viennent de ce qu'elle a deux foyers, Londres et Washington ; des capitales ? non pas, mais plutôt des offices centraux pourvus de vastes enregistreurs où, par les soins du Président de la République et du premier ministre de la Reine, tout s'inscrit, se coordonne et se résout en actes contresignés par la majorité de l'opinion. Ce que durera cet état de choses, Dieu le sait. Rien n'est éternel. Mais il s'est préparé très lentement et est à peine réalisé d'hier, si bien que beaucoup se refusent encore à une évidence qui les déroute et les contrarie.

Il ne faudrait pas du reste confondre l'existence de la Confédération avec sa politique actuelle ; ce sont des choses distinctes. L'impérialisme, avons-nous dit — et cela est vrai des États-Unis aussi bien que de l'Empire britannique — est une maladie de croissance, un vertige ; il passera, il reviendra et passera encore. Tout n'est pas perdu parce que cette fois l'influence pernicieuse de M. Chamberlain l'a emporté et qu'on s'est lancé, à Londres, dans une aventure contre laquelle protestent à la fois le bon sens et la justice ; tout ne sera pas gagné si, dans quelques mois, la candidature présidentielle de M. Bryan, qui s'annonce comme résolument anti-impérialiste, triomphe aux élections américaines. La lutte entre un organisme robuste et le principe morbide qui l'attaque aura des péripéties variées. On conçoit quel rôle capital l'esprit public est appelé à jouer dans la guérison. Nous sommes ainsi amenés à nous demander quelle action exercent sur le monde anglo-saxon l'enseignement, la presse et la religion, ces bases de l'esprit public.

Dans l'enseignement, une tradition et une tendance qui, malheureusement, s'opposent, apparaissent nettement. La tradition vient d'Angleterre ; elle s'est formée peu à peu, moins sous l'influence de ces classiques grecs et latins auxquels les lettrés d'outre-Manche rendent un culte à la fois si fidèle et si infécond que sous celle de Shakespeare et de Dante, ces deux grands amis de l'âme anglaise. C'est, en tous les cas, une belle et large tradition, basée sur l'étroite union de la littérature et de la philosophie et visant à l'épanouissement total de la pensée. Elle a laissé partout des traces ; elle a influé sur la haute culture scientifique aussi bien que sur l'enseignement populaire que l'*University Extension* et les autres sociétés similaires distribuent aux ouvriers. La tendance contre laquelle elle se heurte vient d'Amérique. Ignoré de l'Europe, dédaigné de l'Angleterre, l'enseignement transatlantique a grandi dans l'isolement et s'en ressent. Il s'est hâté vers les résultats ; il ressemble un peu à ces manuels d'examen dans lesquels il n'y a pas de place pour les réflexions ; il est comme la démocratie, enclin à la sécheresse et à l'abus de l'affirmation, porté à tout simplifier, à toujours conclure trop rapidement, en un mot, aussi mal outillé que possible pour la critique qui est pourtant le seul préservatif certain contre les erreurs propres à l'esprit humain. Mais tel qu'il est, cet enseignement clair, séduisant, rapide est fait pour plaire aux pays neufs, aux jeunes civilisations. Aux États-Unis, d'ailleurs, il est embelli par les qualités de ceux qui le donnent, leur foi enthousiaste, leur ardeur zélée et jusqu'à cette hâte qui, servie par d'heureuses intuitions, leur constitue souvent un prestige de plus. Son pire défaut, au point de vue qui nous occupe, c'est qu'il est producteur de nationalisme. Rien ne vous incite à vous adresser aux étrangers lorsque vous croyez avoir chez vous, à portée, de quoi satisfaire à tous vos besoins, à toutes vos aspirations ; rien non plus ne vous

V. — LE MONDE ANGLO-SAXON

encourage à de longues investigations dans le passé quand vous avez la conviction qu'il n'y a plus rien à y découvrir, qu'on peut le résumer en quelques chapitres — quand il vous semble surtout que vous n'en êtes pas issus, qu'entre ceux qui l'ont vécu et vous il y a un fossé, une interruption… Ce point de vue qui, aux États-Unis, est celui de la grande majorité, gagne évidemment du terrain dans la plupart des États australiens et sud-africains ; le Canada y est plus réfractaire. En Angleterre même la vieille tradition est battue en brèche, mais elle résiste ; ses racines sont profondes.

Pour l'œuvre de paix, la presse, jusqu'ici, promet peu. Par un phénomène des plus singuliers, la presse anglo-saxonne a des qualités et des défauts également contraires à ceux de la race. Les hommes de vrai talent et de hautes vertus privées qui collaborent à tel ou tel des grands journaux anglais semblent, en prenant la plume pour rédiger leurs articles, faire abstraction d'eux-mêmes, comme s'ils revêtaient la peau d'un autre personnage ; leur individualité s'efface, leur franchise et leur impartialité naturelle défaillent et on les voit avec surprise se livrer à une casuistique digne d'exciter la verve d'un second Pascal. Comment s'étonner, dès lors, qu'ils s'attirent du dehors de fréquentes accusations de mauvaise foi et de vénalité, rarement méritées, mais toujours explicables ? Prenez, par exemple, les « campagnes » successivement menées depuis dix ans par certains journaux anglais contre la Russie, l'Allemagne et la France — et cela en dehors même des périodes où des incidents comme l'occupation de Fachoda, le télégramme de l'empereur Guillaume au Président Krüger ou l'intervention en faveur de la Chine légitimaient certaines attaques et certains ressentiments. La violence perce sous la modération : on sent le parti pris ; les faits, au lieu d'être vus de face, sont analysés obliquement sous un faux jour. Puis, tout d'un coup, la querelle cesse, le nuage s'évapore ; le calme et l'aménité reparaissent. Il y a là, j'en demeure convaincu, de l'habitude bien plus que du calcul : ce n'est pas du Machiavel, c'est du Palmerston. Moins calculée encore est la presse des États-Unis. Elle participe de la hâte dont je signalais tout à l'heure l'influence sur l'enseignement, elle n'a pas le loisir de se livrer à des consultations dogmatiques, de mener des campagnes, de développer des thèses ; sa besogne favorite consiste à dévoiler l'avenir ; elle fait un peu un métier de somnambule, non sans verve d'ailleurs. Il lui arrive de toucher juste, mais comme ses informations sont, en général, mal prises et très insuffisantes, elle touche plus souvent à coté ; mais elle ne s'en alarme point, déjà occupée, an moment où l'événement dément ses prévisions, à en formuler de nouvelles. Les Anglo-Saxons taxeront d'injuste ma critique d'une presse à laquelle ils sont accoutumés et qu'ils apprécient d'autant plus qu'elle diffère davantage d'eux-mêmes ; dans les autres pays où l'opinion volontiers charge cette même presse anglo-saxonne de tous les crimes, on me reprochera mon indulgence. Ce qui est, en tout cas, certain, c'est que malgré de généreuses indépendances, de nobles exceptions qui valent d'être mentionnées, une telle presse cultive trop peu la Vérité pour pouvoir servir efficacement la Paix.

Reste la Religion. Là est le grand espoir. La race, au sein de laquelle, ont pris naissance le mouvement d'Oxford et l'Armée du Salut, qui a tenu les *revivals* et organisé le Parlement de Chicago, qui a fondé un Toynbee Hall et un Hull-House, qui a donné le jour à un Arnold et à un Livingstone qui a entendu un Wesley et un Ireland, cette race-là a évidemment devant elle un avenir de rénovation religieuse. Peu importe que les Églises résistent, que le Pape ait à demi condamné l'américanisme ou qu'une assemblée présidée par l'archevêque de Cantorbéry discute gravement les cas de conscience les plus moyenâgeux. Le sentiment est plus fort que la forme : il brise les cadres et déborde comme une marée montante. Le signe de fécondité de ce mouvement, c'est qu'il est avant tout charitable, par conséquent actif. Au premier coup-d'œil donné à cette charité anglo-saxonne, qui a créé, depuis cinquante ans, en Angleterre, aux États-Unis, dans le monde entier, les œuvres les plus étonnantes et les plus géniales, on sent qu'il y a là le principe d'une orientation nouvelle de l'humanité, autrement précise, autrement irrésistible que celle qui résulterait de tous les évangiles socialistes, marxistes ou autres — qu'on pourrait prêcher aux hommes.

La charité peut rester nationale : elle ne peut pas devenir nationaliste ; si elle limite sa sphère d'opération, elle ne saurait limiter sa sphère de sentiment. Le geste s'arrêtera peut-être aux frontières : la pensée d'amour et de pitié ira au-delà. Toute religion basée sur la charité tendra vers la Paix. On dirait que les trois vertus théologales du christianisme correspondent à une gradation dans la perfectibilité humaine : la Foi, vertu guerrière, arme volontiers les bras des fidèles ; l'Espérance adoucit leurs cœurs, sans les désarmer ; seule, la Charité sait faire rentrer l'épée au fourreau.

Si des confins de ce monde anglo-saxon, aujourd'hui contaminé par l'épidémie impérialiste, doit souffler demain une brise pacifiante, on en sera redevable à tous ces précurseurs, connus et inconnus, humbles ou illustres, qui auront préparé par l'avènement de la charité le règne de la tolérance.

VI. — CONCLUSIONS

Le moment est venu de résumer et de conclure.

L'avenir de l'Europe ! On pouvait assurément l'envisager à bien des points de vue. J'ai choisi le point de vue de la Paix, parce qu'il m'a semblé les résumer tous. À d'autres époques, la guerre a été la génératrice de hautes vertus, elle a purifié et redressé. Mais le temps des croisades est passé. Ce n'est pas par les armes que sera assuré désormais le respect du Droit et de la Justice. Si la violence éclate, ce sera pour opprimer l'un et entraver l'autre. La Paix n'est donc pas seulement une nécessité économique : elle est devenue une nécessité morale, le gage de tout perfectionnement, la condition de tout progrès. C'est pourquoi j'ai tenté d'analyser ici, le plus impartialement possible, les chances de guerre et les espoirs de paix.

Deux faits s'imposent qui dominent les autres : l'agonie de l'Autriche et la captivité de l'Angleterre.

L'Autriche se meurt ; le danger de sa disparition vient de l'impossibilité où seront ses héritiers de répudier sa redoutable succession. Elle a cinq héritiers : l'Italie pour le Trentin, l'Empire allemand pour les provinces germaniques, la Bohême, la Hongrie et la Pologne. L'annexion des provinces germaniques aura l'avantage de mieux équilibrer l'Empire allemand et de lui faciliter les débouchés économiques sur l'Adriatique ; mais elle déplacera son centre de gravité politique, nécessitera une refonte de ses rouages gouvernementaux et obligera le roi de Prusse à séparer, au lieu de les confondre, ses deux souverainetés ; en un mot, elle arrachera l'Allemagne à la suprématie prussienne, Cela peut-il se faire sans résistance ? — La libération de la Pologne autrichienne aura pour résultat immédiat de poser à nouveau la question polonaise dans des conditions telles qu'il sera presque impossible de l'étouffer. À la Russie de la résoudre ; elle le pourra en rendant à la Pologne son autonomie ; mais cela équivaudra à renoncer pour elle-même à l'autocratisme. Ce serait à vrai dire un grand bienfait, car l'auto-cratisme est une impasse politique. Seulement, cela aussi peut-il se faire sans résistance ? Voilà donc les deux plus grands États de l'Europe remués jusqu'en leurs fondements par cette succession d'Autriche qui, d'autre part, exposera les Hongrois et les Tchèques à un nombre infini de difficultés gouvernementales ; le tout sans préjudice de troubles presque inévitables dans les Balkans. Où vit-on jamais un pareil ensemble d'éventualités menaçantes ?

Ce n'est pas tout. L'Angleterre est prisonnière de ses enfants, pri-sonnière de ce magnifique système anglo-saxon qu'elle a créé, dont elle est justement fière et qui la domine à présent. Les éléments qui le composent, ce système, sont unis par des liens moraux d'une extrême solidité. Ainsi s'est formée une confédération qui ira s'af-firmant, et dans laquelle, de plus en plus, l'Angleterre exercera la présidence honoraire et les États-Unis la présidence effective. Il y a là trop de force jeune, d'ivresse facile, d'ambition naïve et d'orgueil excusable pour que les semences de guerre ne s'y développent pas, inconsciemment, en quelque sorte.

En face de ces dangers, où sont les espoirs pacifiques ? Je n'en conçois qu'un, mais il peut acquérir une puissance infinie. C'est l'esprit public. Il est le maître et il sera ce que les convaincus vou-dront qu'il soit.

Présentement, le mensonge l'égare.

Le mensonge est le grand pourvoyeur de la guerre, car si les peuples se connaissaient et se comprenaient, combien rarement ils voudraient s'entr'égorger !

Travailler sans relâche et chasser de l'enseignement les faux points de vue qu'un tortueux patriotisme y a semés, découvrir et dénoncer ces « Histoires » impudentes et ces « Géographies » falsifiées au bas desquelles de soi-disant éducateurs ont mis leurs signatures désho-norées — percer à jour les plans criminels d'hommes d'État sans

VI. — CONCLUSIONS

scrupules — arracher la presse à ceux qui la pervertissent et trafiquent de ses faiblesses — pousser hors de la religion les mesquines intolérances et les haines déguisées, voilà l'Œuvre de Paix. Elle n'a rien d'utopique : elle ne vise point à faire des anges avec des hommes ; elle prétend seulement enlever les pierres du chemin ; si simple que soit la besogne, ceux qui conduisent l'humanité ne peuvent l'accomplir ; il faut des éclaireurs. Or, pour cette œuvre — et voilà une constatation consolante sur laquelle je veux clore mon enquête — pour cette œuvre, il se lève de tous côtés des travailleurs imprévus : il en vient de partout. Parmi eux sont des riches et des pauvres, des puissants et des modestes, des réfléchis et des instinctifs, des instruits et des ignorants ; ils parlent toutes les langues et ce qui fut dans la légende primitive une cause de confusion et d'impuissance, est ici un gage d'entente et de succès.

Alors…. pourquoi désespérer ?

ISBN : 978-1534961005

Pierre de Coubertin